Miriam Fuchs

Cafés & Ateliers im Harz

Besondere Menschen und Orte laden ein

J. BERG

Inhalt

Verzaubert ... 4

Am Harzrand

Atelier Heike Winkler ... 8
GuennyAirbrush ... 12
Galerie Seidenflamme ... 16
Café Winuwuk und Sonnenhof ... 20
KeineKunstLaden ... 26
Café Brennnessel ... 30
Geigenbauerin Renate Fink ... 36
Eiscafé und Kreativstube ... 40
Atelierschmiede Harz ... 46
Kreativ-Café »Alte Drechslerei« ... 50
Thalenser Hexenmanufaktur ... 56
Bookogami – Anka Brüggemann ... 60
Café Froschkönig ... 64
Barbara Kirchner-Babinecz ... 70
Norbert Egeling ... 74
Kaffeemühle Hamma ... 78
WaffelWunder ... 84
Schnitzwurm ... 90
Ländliche Kaffeestuben ... 94
Detlef Hänsel ... 100
GlücksCafé und GlücksPilz Patchwork ... 104

Die Harzer Cafés bieten idyllische Plätze wie hier die Kaffeemühle Hamma.

In den Bergen

Glasdesign Fricke ... 112

Irene Schukies ... 116

Allerlei Filzerei ... 120

Harzausleidenschaft ... 124

Antjes Blumencafé ... 128

Sonjas Café mit Geschenkestübchen ... 134

Café Bonhoeffer ... 140

Stuben-Café ... 146

Sabine und Felix Müller ... 152

Noch mehr Begegnungen ... 156

Register ... 158

Impressum ... 160

Verzaubert

Sie reihen sich am Harzrand (Kap. 1–21) wie Perlen aneinander, die Orte des Schaffens und des Genusses. Gleichzeitig sind auch die Berge (Kap. 22–30) Quelle der Inspiration und bilden den Rahmen für gemütliche Mußestunden. Jeder einzelne Ort, jeder einzelne Mensch auf meiner Reise durch die Cafés und Ateliers im Harz hat mich verzaubert. Das Buch bietet »nur« Platz für 30 dieser wunderbaren Begegnungen – doch es gibt noch viel mehr.

Diese Menschen sind zwischen Mitte 20 und Mitte 80. Über mehrere Generationen vereint sie die Leidenschaft, Freude zu schenken. Ob als schönes Schmuckstück oder Gemälde, als Selbsterfahrung beim Filzen oder Vergolden, als Genussmoment bei hausgebackenem Kuchen und frisch gemahlenem Kaffee – die Künstler und Gastgeber der Region lieben, was sie tun. Viele haben erst im Laufe des Lebens gewagt, ihre Passion zu leben. Andere haben ihr Handwerk von der Pike auf gelernt und auch nach vielen Jahrzehnten noch Freude daran. Und dann sind es die zufälligen Begegnungen und Begebenheiten, die das Leben auf einmal in eine neue Richtung lenken.

Die Geschichten erzählen von Harzer Urgesteinen und jenen, die die magische Gebirgswelt als ihre neue Heimat entdeckt haben. Sie berichten von Menschen, die das Schaffen ihrer Eltern bewahren. Und von jenen, die als Familie Hand in Hand jede Hürde meistern. Es gibt sie, die Maschinen, die nur dem Zweck dienen, Freude zu bereiten. Oder die fröhlichen Figuren, die gleichzeitig die beste Lösung für das Recycling von Plastikmüll sind.

Sie werden von mutigen Persönlichkeiten lesen, die ihren Job aufgegeben haben, um ihr Hobby zum Beruf zu machen. Sie werden Menschen treffen, die trotz fortgeschrittenen Alters längst nicht ans Aufhören denken. Und andere, die ganz bewusst ihr Leben so einrichten, dass sie noch viele Jahre oder Jahrzehnte ihrer Berufung folgen können. Sie lassen uns teilhaben an ihren Geschichten, dienen als Vorbilder für jeden, der einen Neustart wagen möchte.

Begeben Sie sich auf eine Reise zu einigen Künstlern und Gastgebern im Harz. Lassen Sie sich verzaubern von ihrer Freude und Kreativität.

Ihre

Miriam Fuchs

Osterwieck, Heimat der Autorin, gehört zu den zahlreichen malerischen Fachwerkstädten der Region.

Am Harzrand

Atelier Heike Winkler

Farbenfrohe Malerei und märchenhaftes Pappmaché

Kinderkunst und Farbenzauber – so könnte das Wirken von Heike Winkler in Kurzform zusammengefasst werden. Doch was sie in ihrem Atelier in Seesen erschafft, ist weit mehr als Kunst. Es ist ein bunter Strauß an Lebensfreude.

Vor gut 20 Jahren, 2003, hat sich Heike Winkler für die Selbstständigkeit als Künstlerin und Kinderbuch-Autorin entschieden. Zusammen mit ihrem Mann hat sie 2007 in Eigenleistung ein kleines künstlerisches Reich geschaffen. Wie eine Mischung aus »Villa Kunterbunt«, »1001 Nacht« und einem Hundertwasserhaus wirkt die Werkstatt mit den bunten, gedrehten Säulen, der gemauerten Treppe und der Galerie. Eine märchenhafte Kleinkunstbühne und eine wahrlich farbenfrohe, wechselnde Ausstellung geben der spürbaren Lebensfreude und Herzlichkeit der Künstlerin den passenden Rahmen. »Das ist mein Leben«, sagt Heike Winkler freudestrahlend. Auch wenn es immer wieder Höhen und Tiefen, Momente des Zweifelns gab, so ist doch unverkennbar, dass sie hier ihren ganz persönlichen Lebenstraum verwirklicht hat.

Schon bei ihrer Berufswahl stand für Heike Winkler Kreativität an erster Stelle. Sie machte eine Ausbildung zur Tapetendesignerin, ohne zu ahnen, dass dieser Beruf keine Zukunft haben würde. Dennoch: »Ob als Tapetendesignerin, grafische Zeichnerin oder als Druckvorlagenherstellerin: Ich habe in all meinen Berufen etwas gelernt, was mir heute noch zugutekommt«, berichtet die Künstlerin. »Am schönsten war es für mich, als Ausbilderin mein Wissen weiterzugeben.«

Als ihr Beruf digitalisiert wurde, suchte Heike Winkler nach einer anderen Aufgabe. Sie arbeitet viel zu gern mit ihren Händen, als dass sie diesen Wandel hätte mitgehen wollen. Nach einem Existenzgründungsseminar 2001 wagte sie mit verschiedenen Ideen den Schritt in die Selbstständigkeit, von denen allerdings nicht alle zum Geldverdienen taugten. »Ich weiß jetzt immerhin, dass ich keine gute Verkäuferin bin«, gesteht sie lachend.

Die Kreativkurse für Kinder brachten dann den ersehnten Erfolg und schnell reichte der Platz in der Wohnung nicht mehr aus. Auf der

ATELIER HEIKE WINKLER

Bergstraße 3 • 38723 Seesen • Tel. 05381/940894 • E-Mail: hundertwinkler@gmx.de
facebook.com/p/Atelier-Heike-Winkler-100066882695301/
Termine nach Vereinbarung

Lila-Lotta
Lilo ist weg!

Heike Winklers Tipp

Der Steinway-Park hier in Seesen, benannt nach dem berühmten Klavierbauer, ist wunderschön und wird von unserem Verein mit Konzerten und Veranstaltungen belebt. Ich genieße den Park am liebsten mit meinem Hund. Die Spaziergänge im Schatten der großen Bäume lassen mich entspannen und geben Kraft.

Suche nach neuen Möglichkeiten entdeckte Heike Winkler das schon lange leer stehende Haus in der Bergstraße. »Ein Gebäude im Dornröschenschlaf, offensichtlich mit Geschichte – so etwas zieht mich magisch an«, verrät die Künstlerin. Das Haus mit seinen verwinkelten Nebengebäuden war früher ein biochemisches Labor für Käsekulturen. »Stück für Stück haben wir die Räume erobert«, schwärmt Heike Winkler und erinnert sich an die aufregende Zeit des Umbaus in Eigenleistung. Besonderer Hingucker und ganzer Stolz der Künstlerin ist die von ihr selbst entworfene und mithilfe eines befreundeten Maurers gebaute Treppe im Atelier. An dieser Stelle gab es vorher nur einen Lastenaufzug. Die Treppenwand hat Heike Winkler selbst verputzt und sagt lachend: »Und wieder habe ich was dazu gelernt.«

In kleinen Gruppen mit maximal sechs Kindern ab sieben Jahren wird bei Heike Winkler gemalt und gestaltet. »Bunt ist bei mir Programm«, betont die quirlige Kreative, die schon als Kind alles bemalte, was ihr unter die Finger kam. Die Malkurse stehen meistens unter einem Thema, mit dem Heike Winkler spielerisch Wissen vermittelt. »Dass Koalas eigentlich keine Bären sind, haben meine Kinder beim Bären-Malkurs gelernt.« Die kleinen Künstler werden sehr persönlich angeleitet. Kreativität und Fantasie werden gefördert. Erfolgserlebnisse sind wichtig und so werden in der Regel die Werke der Kids in Ausstellungen gezeigt. Eine Ausnahme war die Jubiläumsausstellung, in deren Zeitraum dieses Buch entstand. Neben regelmäßig stattfindenden Kursen werden auch Kreativtage in den Ferien angeboten. Viele Kinder begleitet sie über Jahre, was für wahren Trennungsschmerz sorgt, wenn ihre Schützlinge weiterziehen. Zu verschiedenen Terminen gibt es zudem Kreativkurse für Erwachsene oder auch Wochenendkurse für die ganze Familie.

Wie es häufig ist, so wird auch Heike Winkler von ihrer Kreativität und ihrem Ideenreichtum angetrieben. »Ich rette unwahrscheinlich gerne Sachen«, gesteht die Künstlerin. So werden Möbel vom Sperrmüll oder Flohmarkt mit Figuren und Farben zu neuem Leben erweckt. Seit 2011 gestaltet sie zudem Figuren aus Pappmaché. Katzen, Füchse, Fledermäuse, Schlangen, Pandas und vieles mehr gehören zu den »Bewohnern« des Ateliers. Um die Standfestigkeit der Figuren zu erhöhen, hat sie eine ganz pragmatische Lösung gefunden: Anfallende Plastikflaschen gefüllt mit Folie und Wasser werden zum Innenleben der Tiere verarbeitet. Die Verpackung eines namhaften Katzenfutterherstellers wird zum Kopf der Figuren umgestaltet. »Müll ist vielseitig einsetzbar«, verrät Heike Winkler lachend. »Für mich die beste Art des Recyclings.«

Ein Besuch in Heike Winklers Atelier ist nach vorheriger Terminabsprache jederzeit möglich. Gäste dürfen teilhaben an der Herzlichkeit, der Lebensfreude und dem Farbenzauber der Gastgeberin. Ihre Kleinkunstbühne nutzt sie ab und an für Lesungen.

Die selbst gemauerte Treppe und die bunten Säulen verleihen dem Atelier etwas Märchenhaftes. Bei Malkursen hat jedes Kind seinen eigenen Arbeitsplatz. Lustige Gesellen aus Pappmaché lässt Heike Winkler entstehen.

GuennyAirbrush

Airbrush, Acrylgießen und Modellbau

So herzlich wie Andrea Günthers Lachen, so bunt ist ihre Welt. Seit 2019 hat die gelernte Bürokauffrau ihre Leidenschaft Airbrush zu ihrem Hauptberuf gemacht. Statt mit Schablonen Motive auf Tankdeckel zu bringen, sucht sie immer wieder neue Herausforderungen, was mit Airbrush alles möglich ist. Denn angefangen hat ihr Interesse an dieser besonderen Form der Malerei bereits bei ihrem ersten Autotreffen 1996. Ihr pinkfarbener Golf II war damals schon ein Hingucker. Und weil sie Farben liebt, zogen sie die Airbrusher vor Ort magisch an. Fünf Jahre später hatte Andrea Günther ihre erste eigene Ausrüstung und verschönerte mit Schablonen Tankdeckel, Handschuhfächer oder Armaturenbretter. Doch die Arbeit wurde ihr schnell zu monoton. Insgesamt drei Jahre ließ sie sich an verschiedenen Airbrush-Schulen weiterbilden. Porträts, Custom Painting – Airbrush auf Autos oder Motorrädern und die Verarbeitung von Blattgold waren die Schwerpunktthemen.

Im Nebenerwerb erfüllte sie unterschiedlichste Kundenwünsche: Porträts auf Leinwand, Lieblingsmotive auf Blech, sie verschönerte Handy- und Tablet-Hüllen oder auch Toilettendeckel. »Das Ungewöhnlichste, was ich mal gestalten durfte, waren ein Straußenei und der Himmel eines Trabis«, erinnert sich Andrea Günther. »Und eine Beinprothese.« Tatsächlich ist wohl den wenigsten Menschen bewusst, wie vielseitig Airbrush sein kann. Ein erster Eindruck ist im Atelier der Künstlerin zu bekommen und vor allem im Gespräch mit ihr. Dass sie in der kreativen Arbeit ihre Erfüllung gefunden hat, ist nicht zu übersehen. Und das trotz aller wirtschaftlichen Herausforderungen. »Airbrush, wie ich es anbiete, ist aufwendige Handarbeit«, erklärt sie.

Schon seit vielen Jahren hat die Künstlerin sich von den Schablonen verabschiedet, zeichnet Motive vor und sprüht diese dann freihand. Wenn man sie bei ihrer Arbeit mit der filigranen Spritzpistole beobachtet, ist unverständlich, dass manch einer Airbrush nicht als Kunst ansehen will. Was GuennyAirbrush von anderen abhebt, ist die Größenskala, die Andrea Günther bedient. Vom Feuerzeug bis zum Lkw,

GUENNYAIRBRUSH ANDREA GÜNTHER
Vor der Höhe 13 • 38644 Goslar OT Jerstedt • Tel. 0175/2795456
E-Mail: andrea@guennyairbrush.de • guennyairbrush.de
Termine auf Anfrage

Andrea Günthers Tipp

In meiner Freizeit bin ich meistens in Sachen Modellbau unterwegs. Was mir gut gefällt, ist das GlowGolf in Wildemann. Minigolf im Dunkeln, dank Schwarzlicht mit spannenden Farbeffekten. Das junge Betreiberehepaar ist toll und die Wandmalerei wurde mit Airbrush von mir gestaltet.

von der Fliese bis zur Wandmalerei: »Bei kuriosen, herausfordernden Anfragen kann ich leider nicht nein sagen«, gesteht sie lachend. Vielleicht ein Grund, der sie gemeinsam mit ihrem Freund Martin Rock zum Modellbau gebracht hat.

Als Auftragsarbeit erhielt die Airbrusherin Modellbauteile zum Verschönern. Die schlechte Verarbeitung der Objekte spornte Martin Rock an, selbst Hand anzulegen. Mittlerweile baut er Zubehör und Aufbauten für Tamiya-Automodelle im Maßstab 1:14, die von Andrea Günther wunschgemäß lackiert werden. Lkw oder Auflieger werden anhand von Fotos gefertigt und gestaltet. Für die Kunden ein Glücksgriff, bekommen sie so hochwertige, individuell gestaltete Teile für ihre Modellfahrzeuge. Einige der Gemeinschaftsprojekte des kreativen Paares konnten bei Modellbautreffen bereits Preise erzielen. Für die beiden ist es immer ein Gänsehautmoment, Modell und Original nebeneinander zu sehen.

Ihre größten Projekte waren zwei Scania-Lkw. Überdimensionale Fabelwesen, Kriegerinnen, Dämonen – Figuren aus Filmen und Comics zieren die in Rot und Blau-Schwarz gehaltenen Zugmaschinen. Derart gestaltet ein unvergesslicher Anblick auf den Straßen. »Die größte Herausforderung bei den Zugmaschinen ist der Zeitdruck«, berichtet Andrea Günther. »Für diese Flächen müsste man normalerweise mehrere Monate einplanen.« Stattdessen hat sie die einzelnen Maschinen in jeweils vier Wochen fertiggestellt. Nahezu ein 24/7-Programm. Echte Lkw-Fans können sich von der Künstlerin Modell und Original im gleichen Look gestalten lassen.

Quasi als Ausgleich und Hobby hat sich ein weiteres Kunsthandwerk ergeben, die Acrylgießerei. »Nach vielen Stunden und Tagen Airbrush wollte ich mich einfach mal kreativ austoben«, erklärt Andrea Günther ihren Weg zur Acrylgießerei. »Da kann man sich künstlerisch ausprobieren, und entweder wird es was oder eben nicht.« Im Gegensatz zur hochkonzentrierten Arbeit beim Airbrush kann sie bei der Acrylgießerei die Seele baumeln lassen. Ihrem Faible für Farben und Glitzer wird diese Arbeit auch gerecht. Gern bringt sie in die Versiegelung sogenannte »Flakes« ein, das sind Glitzerpartikel, die dem jeweiligen Werk eine besondere Magie verleihen. Die farbenfrohen Malereien in verschiedenen Größen werden nach dem Trocknen mit Epoxidharz versiegelt. Dadurch entsteht eine pflegeleichte, transparente, glasartige Oberfläche, die resistent gegenüber Pflegemitteln ist. Das überschüssige Epoxidharz wird dann kurzerhand zu Anhangern oder Untersetzern verarbeitet. In Sachen Verkauf sieht es die Künstlerin hier ganz pragmatisch: »Wem etwas gefällt, der kann es kaufen.« Denn in diesem Segment lässt sie ihrer Fantasie und dem Zufall freien Lauf.

Nachdem Andrea Günther einen ersten Airbrush-Schüler bei sich im Atelier hatte, könnte sie sich vorstellen, ab und an Einzelkurse anzubieten. »Ich bin für alles offen«, sagt sie mit einem Augenzwinkern. Besucher dürfen gespannt sein, welch kreative Ideen sie gemeinsam mit ihrem Freund in Zukunft noch hat.

Auf dem eigenen Rundkurs kommen die Modell-Lkw erst richtig zur Geltung. Beim Airbrush ist eine ruhige Hand gefragt. Mit der filigranen Airbrush-Pistole zaubert Andrea Günther detailreiche Motive.

Galerie Seidenflamme

Feuer und Flamme für Seidenmalerei

Beim Betreten der urigen Galerie Seidenflamme von Ulla Leißmann in der Goslarer Altstadt wird schnell klar, woher der Name stammt. Bunt geflammte Seidentücher, verarbeitet zu Kunst- und leuchtenden Dekorationsobjekten, bestimmen das Bild. Eine Leidenschaft, die das Schaffen der kreativen Künstlerin seit Jahrzehnten begleitet.

Bewusst haben sich Ulla Leißmann und ihr Mann Udo 2015 für die UNESCO-Welterbe-Stadt Goslar als neue Wahlheimat entschieden. »Die malerische Altstadt fasziniert uns«, schwärmt Ulla Leißmann. »In dieser schönen Stadt mit einem tollen künstlerischen, kulturellen und kulinarischen Angebot lässt es sich wunderbar leben.« Mit dem Gebäude in der Breiten Straße, nur wenige Gehminuten bis zum Marktplatz, haben sie für sich einen optimalen Standort gefunden: Im Erdgeschoss die Galerie, im Obergeschoss ihre Wohnung und zusätzlich Platz für mehrere Gästezimmer. Besucher, selbst aus New York oder Sydney, nutzten bereits ihr Angebot einer behaglichen Herberge im Zentrum der Stadt. Zudem liegt Goslar mittig zwischen Berlin, Bielefeld und der alten Heimat Brilon, wo ihre drei Kinder leben.

Ulla Leißmann ist mit Leib und Seele Kunsthandwerkerin. Früher war sie bei vielen Messen, Märkten und Gartenfesten als Ausstellerin vertreten. Sie war im Paderborner Land 30 Jahre lang Mitglied in einem Malkreis, besuchte Kurse mit holländischen Malern und anderen Künstlern. Zeichnen, Malen, Nähen, Töpfern – Kreativität in allen Facetten begleitet sie durch ihr Leben. Doch die wahre Leidenschaft packte sie nach einem Seidenmalkurs 1992. Die Kombination aus leuchtenden Farben, einer spontanen Malweise und dem feinen, luftigen Material begeistert sie bis heute. »Ich bin ein bunter Vogel und folge keinen Trends«, betont sie. Daher erfüllt sie die teils aus der Mode gekommene Seidenmalerei weiterhin mit Glück und Zufriedenheit – zur Freude ihrer Kunden.

Die vielseitigen Fähigkeiten der Künstlerin werden in der Galerie Seidenflamme sichtbar. Klassische Seidentücher, Seidenschmuck, stimmungsvolle Leuchtobjekte, Lampen, Sei-

GALERIE SEIDENFLAMME ULLA LEISSMANN
Breite Straße 14 • 38640 Goslar • Tel. 05321/747 17 70
E-Mail: ulla@leissmann.de • leissmann.de
Öffnungszeiten: Di–Sa 11–17 Uhr

Ulla Leißmanns Tipp

Das malerische, wildromantische Ilsetal mit seinem felsigen Flusslauf ist für mich ein besonderer Wohlfühlort. Eine Wanderung hinauf zum Ilsestein – dort gibt es superleckere frische Waffeln – verleiht mir Kraft und neue Ideen.

denblütenlichter, Seidenblusen oder die vielen liebevoll arrangierten Dekorationsartikel – alles Unikate und nur in Goslar erhältlich. Vereinzelt sind auch selbst genähte Kleidungsstücke vorrätig. Textile Rohlinge, Seidenstoffe oder Blusen für das Selbstbemalen werden ebenfalls angeboten. Neben eigenen Gemälden und Malereien bereichern Goslar-Fotografien von André Gleisberg das Sortiment. Seine Fotos und Goslar-Kalender verarbeitet die Künstlerin zu ansprechenden Wandbildern mit passenden Passepartouts und Rahmen. Der erste Eindruck in den kleinen Räumen der Galerie gleicht einer bunten Farbexplosion, passend zur Lebensfreude und Begeisterung der Inhaberin. »Wer Farbe trägt, hat meist bessere Laune«, betont sie mit ihrem ansteckenden Lachen und fügt mit einem Augenzwinkern hinzu: »Ich kann auch dezenter.« So findet sich neben den leuchtend-farbenfrohen Artikeln auch Dekoration in Weiß oder Pastelltönen.

Ehe eins ihrer Objekte fertig ist, gibt es reichlich zu tun. Allein der Einkauf von Seide in einer guten Qualität hat sich in den vergangenen Jahren stark verändert. Da ist die Seidenmalerin froh, seit vielen Jahren einen verlässlichen Großhändler an ihrer Seite zu wissen. Auspacken, färben, bemalen und in Kombination mit weiteren Accessoires die Objekte ansprechend gestalten – viele kleine Schritte und Handgriffe liegen zwischen der ersten Idee und dem fertigen Kunstwerk. All diese Aufgaben in den Alltag zu integrieren, funktioniert mit Unterstützung des Ehemannes Udo, der während der Öffnungszeiten die Galerie betreut. »Wenn Sie Ihre Leidenschaft gefunden haben, dann ist keine Anstrengung zu viel«, erklärt Ulla Leißmann ihre schier unendliche Energie. »Die Lebensqualität in Goslar trägt zusätzlich zur Entspannung bei.« Kraft tankt sie unter anderem bei regelmäßigen Kinobesuchen oder dem wöchentlichen Frühstück im Restaurant »Die Butterhanne«. In den Sommermonaten gehören die wöchentlichen Live-Musikveranstaltungen am Museumsufer dazu.

Erstaunlich ist, dass die Künstlerin sich ihr Handwerk nahezu alleine beigebracht hat. Ursprünglich wollte sie Kunst studieren, doch eine frühe Schwangerschaft und die Entfernung zu den möglichen Studienplätzen verhinderten dies. In verschiedenen Kunstkursen erlernte sie die Grundlagen für ihr Kunsthandwerk und verfeinerte ihren Stil nach dem Motto »Learning by Doing«. Als Seidenmalerin schuf sie in den 90er-Jahren auch große Schaufensterdekorationen; teils mit Maßen von 8,50 mal 1,40 Metern stellten diese Auftragsarbeiten eine besondere Dimension der Seidenmalerei dar.

Bis heute hat sich Ulla Leißmann ihre Neugier und ihre Lust aufs Ausprobieren bewahrt. Entsprechend verändert sich das Sortiment ständig je nach Anlass und Jahreszeit. Sie kommt gern ins Gespräch mit ihren Kunden, die für sie auch Inspirationsquelle sind. Ideen nimmt sie häufig auf und verwandelt sie in neue Objekte. Vielleicht ein Grund, warum viele Kunden gerne wiederkommen, zumal die Künstlerin keinen Onlineshop betreibt, da nur Unikate angeboten werden. Ein Besuch in der Galerie Seidenflamme ist ein Erlebnis für die Sinne.

Malereien, Leuchten, Schmuck, Schals und viele weitere Objekte stehen zur Auswahl. Farblich gestaltete Seidenbekleidung gehört ebenfalls zum Sortiment. Die farbenfrohen Leuchtobjekte schaffen eine stimmungsvolle Atmosphäre.

Café Winuwuk und Sonnenhof

Kaffee und Kunst

Idyllisch am Waldrand gelegen, sorgen in Bad Harzburg zwei außergewöhnliche Gebäude seit über 100 Jahren für staunende Blicke. Architekt, Bildhauer und Maler Bernhard Hoetger hat hier mit dem Café Winuwuk und der Kunstausstellung Sonnenhof genussreiche und inspirierende Orte geschaffen.

Bei einem ersten Besuch im Café Winuwuk schweifen die Blicke umher und in jedem Winkel ist etwas Neues zu entdecken. Schon die massive Eichentür am Eingang zeigt, dass den Besucher etwas Besonderes erwartet. Der kuriose Rundbau ist ein einzigartiges Gesamtkunstwerk. Hier sitzt man auf 100 Jahre alten Stühlen, jeder einzelne ein Unikat. Große Wandgemälde zieren den Gastraum, der um bewusst ausgewählte, krumm gewachsene Eichenstämme errichtet wurde. Schnitzereien und Skulpturen bereichern das Café. In kleinen Nischen oder an der großen Tafel lässt es sich wunderbar genießen. In den Sommermonaten sind die Terrasse und die Veranda mit Blick ins Grüne besonders einladend. Kein Wunder, dass Dietmar Kühn, seit 1978 gute Seele des Café Winuwuks, nicht ohne Stolz betont: »Ich bin gerne hier.« Frei nach Konfuzius zitiert er: »Suche einen Beruf, der dir Spaß macht, und du brauchst keine Minute mehr in deinem Leben zu arbeiten.«

Seine Schwester Petra Kühn, die den Sonnenhof betreibt, steht ihm in nichts nach. »Ich habe keine Lust, aufzuhören«, stellt die studierte Industriedesignerin lachend fest. »Solange man gesund ist und sich gut fühlt, warum sollte man dann aufhören?« Mit Liebe und Leidenschaft haucht sie der Kunstausstellung im Sonnenhof immer wieder neues Leben ein. Das ebenfalls runde Gebäude mit dem kleinen Innenhof soll, nach Aussage des Künstlers Bernhard Hoetger, die Henne und ihr Nest symbolisieren. Das »Nest« wird allerdings von einer 68 Jahre alten Schildkröte bewohnt.

CAFÉ WINUWUK
Waldstraße 9 • 38667 Bad Harzburg • Tel. 05322/1459
E-Mail: winuwuk@t-online.de • winuwuk.de
Öffnungszeiten: Café: Mi–So 11.30–18 Uhr; Sonnenhof: Di–So 14–18 Uhr

Regelmäßig wechselnde Ausstellungen und ein immer wieder liebevoll zusammengestelltes Sortiment an Kunsthandwerk machen einen regelmäßigen Besuch lohnenswert.

Im Harz sind die Norddeutschen dank ihrer Eltern gelandet. Sie suchten Ende der 1970er-Jahre nach zehn Jahren Hotellerie an der Ostsee, ein Knochenjob nahezu ohne Ruhetag, eine neue Aufgabe. Als ihnen eine Maklerin eine Postkarte des Cafés zeigte, war es um sie geschehen. Obwohl das Gebäude sehr sanierungsbedürftig war, übernahmen sie das Café Winuwuk und den Sonnenhof. Dietmar Kühn, der im Hotel Atlantic in Hamburg seine Ausbildung absolviert hatte, stieg bereits 1978 mit in das Unternehmen in Bad Harzburg ein. Seine Schwester kam wenige Jahre später nach, nachdem ihr klar wurde, dass Industriedesign sie nicht erfüllt.

Was war zuerst da, Huhn oder Ei? Im Falle des Ensembles stand zumindest die Idee einer dauerhaften Kunstausstellung zuerst im Raum. Die Künstler Dore und Walter Degener wollten nach dem Ersten Weltkrieg einen Ort schaffen, an dem zeitgenössische Kunst wieder ge- und erlebt werden konnte. Da die als »Elfenecke« bekannte Gegend zum damaligen Zeitpunkt noch recht einsam und nur zu Fuß zu erreichen war, musste eine Einkehr geschaffen werden – das Café Winuwuk. Wunsch des Künstlerpaares war, bereits mit den Gebäuden etwas Außergewöhnliches zu erschaffen. Sie konnten Professor Bernhard Hoetger aus Worpswede für ihre Idee begeistern und hatten somit den perfekten Baumeister für ihr

Das Café insgesamt ist ein reines Kunstwerk. Der runde Gastraum überrascht mit abwechslungreichen, liebevoll dekorierten Nischen. Der Sonnenhof präsentiert Kunst und Kunsthandwerk in außergewöhnlichem Ambiente.

Vorhaben. Sein Ziel, »Wichtig ist, dass ein Bau entsteht, der über uns weit hinweg in die Zukunft weist«, hat Hoetger in Bad Harzburg eindrucksvoll erreicht.

Mittlerweile gehören mehrere Generationen einer Familie zu den Stammgästen im Café und im Sonnenhof. Immer wieder aufs Neue sind sie beeindruckt von der Formenvielfalt, dem auffälligen expressionistischen Baustil und den detailreichen Kunstobjekten. Bei einem guten Kaffee und selbst gebackenem Kuchen lässt sich die nordische Gastlichkeit und die Geborgenheit, die der Raum ausstrahlt, am besten genießen. Das Wunder der Kunst verzaubert zusätzlich.

»Ich muss mir langsam was überlegen, wie es weitergeht«, sinniert der Vollblut-Gastgeber. Doch richtig ernsthaft klingt dieses Ansinnen noch nicht. Dietmar Kühn liebt, was er tut. Bereits morgens um 7 Uhr backt und fertigt er Kuchen und Torten. Danach geht es zum Hundespaziergang, um rechtzeitig zur Öffnungszeit wieder für seine Gäste da zu sein. Verkaufen möchte er nicht, denn ihm liegt viel mehr daran, Menschen zu erfreuen – mit einem Glas Wasser zum Kaffee oder dem Erlebnis des Sonnenuntergangs auf der Terrasse auch nach Feierabend. »Ich würde es immer wieder so machen wollen«, berichtet der Gastgeber. »Was gibt es Schöneres, als täglich Menschen mit guter Laune zu begegnen?« Mit dem Namen »Winuwuk« wollte der Architekt Bernhard Hoetger seinen Empfindungen Ausdruck verleihen, die er mit dem Satz »**W**eg **i**m **N**orden **u**nd **W**under **u**nd **K**unst« zusammenfasste. Ein besonderer Ort.

Dietmar Kühns Tipp

Ein Spaziergang zum Wildgehege und durch die Gestütswiesen ist für mich immer Erholung. Zudem gehe ich gern mit meinem Hund in den Wäldern rund ums Café spazieren. Bei einem Besuch in Bad Harzburg ist auch ein Ausflug zum Burgberg mit der historischen Burgberg-Seilbahn ein Erlebnis.

Haustorte

Diese Torte ist ein Renner im Café Winuwuk

Zutaten für eine Backform mit 28 cm Ø

Für den Mürbeteig

150 g Mehl
80 g Butter
1 Ei
1 Prise Salz
50 g Zucker
Sahne (nach Bedarf)
Pflanzenöl (zum Auspinseln)
Mehl (zum Arbeiten)

Für den Biskuitboden

3 mittelgroße Eier
80 g Zucker
120 g Mehl
1 Prise Salz
1 TL Backpulver

Für die Füllung

1 l Schlagsahne
3 EL Aprikosenmarmelade
150 g Blockschokolade
250 g Preiselbeeren
5 cl Rum
geraspelte Mandeln und Schokoladen-Ornamente zur Deko

Zubereitung

Für den Mürbeteig das Mehl auf die Arbeitsfläche sieben. In einer Mulde in der Mitte die Butter in Stückchen, das Ei, Salz und Zucker geben. Mit den Händen die Zutaten gut vermengen und daraus einen glatten Teig kneten. Bei Bedarf etwas Sahne oder Wasser hinzugeben. Den Teig in Frischhaltefolie gewickelt 30 Minuten kalt stellen. Auf bemehlter Arbeitsfläche den Teig dünn ausrollen und die gefettete Form damit auslegen. Mehrmals mit einer Gabel einstechen. Im vorgeheizten Backofen bei 180 °C (Ober-/Unterhitze) ca. 10 Minuten backen.

Damit der Biskuitboden gelingt, sollten die Zutaten Zimmertemperatur haben und die Form nur mit Backpapier ausgelegt werden, nicht fetten. Die Eier mit dem Zucker schlagen, bis ein sehr heller Schaum entsteht. Das Mehl mit dem Salz und dem Backpulver mischen, sieben und nach und nach vorsichtig unter den Eischnee heben. Die Masse in die Tortenform geben und glatt streichen. Bei 180 °C (Ober-/Unterhitze) ca. 30 Minuten backen, damit ein hoher Biskuit entsteht, der für drei Böden reicht. Den Biskuitboden zweimal teilen, sodass drei Böden entstehen.

Für die Füllung die Sahne schlagen und kalt stellen. Nun den Mürbeteigboden mit der Aprikosenmarmelade bestreichen und den ersten Teil des Biskuitbodens auflegen. Die Blockschokolade im Wasserbad schmelzen und auf dem Biskuitboden verteilen. 250 g der geschlagenen Sahne mit den Preiselbeeren vermengen und auf die erkaltete Schokolade verteilen. Den zweiten Biskuitboden auflegen und mit etwas Rum beträufeln. 300 g Sahne darauf verteilen. Den dritten Biskuitboden auflegen, mit Rum beträufeln und 300 g Sahne darauf verteilen. Den Rand der Torte mit Sahne bestreichen und mit den geraspelten Mandeln verzieren. Auf der Torte zwölf Sahnetupfer (einen pro Stück) verteilen und mit einem Schokoladen-Ornament verzieren.

KeineKunstLaden

Magie des Goldes

Wer durch den kleinen Laden in der hübschen Hornburger Altstadt stöbert, wird sich in Anbetracht der vielen kreativen Objekte über den Namen wundern. Fundstücke und Alltagsgegenstände werden ideenreich kombiniert und mit Blattgold veredelt. Warum Anja Stadler dies nicht als Kunst versteht, erklärt sie Besuchern auch in ihren Kursen.

Bereits seit 1996 ist die geborene Münchnerin im Harz zu Hause. Nach Stationen im Oberbergischen, in Bonn und in der Region Hannover hat die »Vollblut-Restauratorin«, wie Anja Stadler sich selbst bezeichnet, ihre Heimat in der magischen Gebirgswelt gefunden. Oder eher gesagt: am Rande der Berge. Im kleinen Fachwerkstädtchen Hornburg hat sie inmitten der Altstadt ihr Wohlfühlhaus eingerichtet. Alte Schilder an den Türen verraten, dass es sich hier früher um eine Arztpraxis gehandelt hat. Wartezimmer und Praxisräume wurden in Atelier, Kreativecke und Lädchen umgewandelt. Im oberen Stock ist eine außergewöhnliche Oase für Urlauber entstanden. »Es macht unendlich viel Spaß, mit Reisenden zu kommunizieren«, betont Anja Stadler fröhlich lachend. So ist es kaum verwunderlich, dass sie Interessierten jederzeit gern die Türen öffnet und ihnen das Haus zeigt – sofern sich keine Gäste eingemietet haben. Auch ein »Ring & Meet«, also ein spontanes Treffen, ist möglich, wenn sie nicht gerade auf einer Baustelle in Aktion ist.

Vor mehr als 30 Jahren hat sie ihre Leidenschaft für die Restauration entdeckt. Porzellanmalerei, Möbeltischlerei und ein Studium in Kunstgeschichte und Romanistik konnten sie nicht erfüllen. Doch als sie erstmals die Werkstatt eines Restaurators betrat, war dies für sie wie eine Offenbarung. »Der Geruch, die verschiedenen Objekte, die Engel – da wusste ich: Das ist mein Beruf.« Die Begeisterung ist der Künstlerin bis heute anzumerken, wenn sie darüber spricht. In den drei Jahrzehnten durfte sie an vielen historischen Bauwerken mitwirken. Sie unterstützt Architekten, übernimmt die restauratorische Bauleitung oder legt selbst Hand an. Ihre kreative Ader und ihr

KEINEKUNSTLADEN

Marktstraße 6 • 38315 Hornburg • Tel. 0172/545 18 89
E-Mail: info@keinekunstladen.de • keinekunstladen.de
Öffnungszeiten: Sa 10.30–13 Uhr oder nach Vereinbarung

Anja Stadlers Tipp

Ein Besuch im Schloss Stolberg im Südharz empfehle ich all meinen Gästen. Seit 2002 wird dieses eindrucksvolle Ensemble durch die Deutsche Stiftung Denkmalschutz restauriert. Ich selbst durfte auch Hand anlegen. Verschiedenste Aspekte der Restaurierung und der Historie sind dort sichtbar.

Drang dazu, scheinbar Nutzloses zu erhalten, sorgen dafür, dass ihr Ideen und Objekte zufallen. Glasscherben der historischen Lichtkuppel des Neuen Rathauses Hannover oder Fliesen aus dem Schloss Stolberg hat sie zu einzigartigen Schmuckstücken verarbeitet. Das ist ihr Weg, den Spuren der Geschichte auf eindrucksvolle Weise neues Leben einzuhauchen.

Der KeineKunstLaden ist für sie ein Beitrag für die Stadt. Besucher haben einen Anlaufpunkt, um zu schauen und zu stöbern. »Ich lebe meine Freude an den Objekten aus, und wenn sie jemandem gefallen, darf er sie auch erwerben«, erklärt Anja Stadler ihr ungewöhnliches Geschäftsmodell. »Ich trenne mich nur ungern, doch wenn die Augen des Interessenten leuchten, ist das Werk bei ihm gut aufgehoben.« Für sie bieten der Laden, das Atelier und die Kurse die Möglichkeit, ihre Kreativität auszuleben. Als Restauratorin ordnet sie sich den Objekten unter und stellt den einstigen Istzustand ohne jegliche Interpretationen wieder her.

»Doch ich habe auch noch eine andere Seite«, verrät sie mit einem Augenzwinkern. Ihr restauratorisches Handwerkszeug nutzt sie, um unter anderem rostigen Stahl, Wurzeln oder ausgemusterte Einrichtungsgegenstände zu kleinen und großen Hinguckern zu verarbeiten. Der Laden ist gefüllt mit Eigenkreationen, alles Unikate. Von der Postkarte über Origami als Ohrschmuck bis hin zur Wurzelskulptur gibt es Unzähliges zu bestaunen. Manches bekommt auch einen Namen, wie »Alice im Wunderland«, ein zur Etagere umgenutzter Zinnkerzenständer. Ein Faible sind ihre Feenlichter, märchenhafte Windlichter aus Japanpapier, das eigentlich als Transportschutz für zu restaurierende historische Objekte genutzt wird.

Eine weitere Leidenschaft von Anja Stadler ist das Vergolden. Sie sagt: »Gold ist magisch«, und diese Magie verleiht sie Alltagsgegenständen mit einem Hauch Blattgold. In ihren exklusiven Kursen mit nur ein bis zwei Personen vermittelt sie, welche Möglichkeiten es gibt, mit Gold zu veredeln. Dabei lässt sich nahezu jede Oberfläche vergolden. Selbst kulinarisch lässt sich Gold verarbeiten. Unter dem Motto »Geschmack oder Optik« wird in der gemütlichen Küche der Ferienwohnung Goldwasser selbst hergestellt. Optisch und geschmacklich eine Besonderheit für die nächste Party ist Tomate-Mozzarella mit einem Hauch Blattgold. Da aus ihrer Sicht Vergolden keine Kunst ist, entstand daraus der Name des Ladens.

Anja Stadler probiert gerne aus und lässt Menschen an ihren Erfahrungen teilhaben. Ihr Kursangebot wird sie erweitern und auch speziell etwas für Kinder anbieten. Ihre Leidenschaft und Herzensfreude an dem, was sie tut, sind spürbar. Auf die Frage hin, ob ihr nicht auch mal die Ideen ausgehen, lacht sie herzlich. Sie lebt ihre Leidenschaft, nutzt zu Hause die Kreativecke, statt fernzusehen, und hat den Laden, um all dem Rechnung zu tragen. »Zu Hause wären wir schon untergegangen«, erzählt sie mit einem ansteckenden Lachen. Ein Besuch in ihrem Wohlfühlhaus ist eine Wohltat für die Seele und die Sinne.

Bei ihren Goldkursen erklärt Anja Stadler die verschiedenen Materialien. Allerlei Fundstücke werden von ihr mit Gold veredelt. Ob Treibgut, Muscheln, Steine oder Scherben – alles wird zu Liebhaberstücken verwandelt.

willkommen

Café Brennnessel

Geheimtipp für Vollwert-Liebhaber

Irgendwo im Nirgendwo zwischen Wolfenbüttel und Halberstadt im kleinen Örtchen Veltheim ist das idyllische Café Brennnessel zu finden. Ulrike Niggemeyer hat hier einen besonderen Rückzugsort für all diejenigen geschaffen, die Bio und Vollwert zu schätzen wissen.

Viele Freunde haben abgeraten, das Café »Brennnessel« zu nennen. Doch »Café Niggemeyer« war ihr zu nichtssagend. Heute zeigt sich, dass der Name nicht treffender hätte sein können. Denn so wie die Brennnessel überraschende heilende Kräfte hat – sie ist weit mehr als eine Schmetterlingspflanze –, so ist auch das Angebot von Ulrike Niggemeyer außergewöhnlich für ein kleines Café auf dem Lande: Auszugsmehle und Industrieware kommen hier nicht zum Einsatz. Roggen, Dinkel, Buchweizen und Co. in Bioqualität stammen von der knapp 20 Kilometer entfernten Hofgemeinschaft Lindenhof in Eilum. Sie werden direkt vor der Verwendung gemahlen und zu vollwertigen Kuchen verarbeitet. Dafür gibt es zwei Mühlen, damit ein glutenfreier Kuchen auch wirklich keine Spuren des potenziellen Allergens enthält. Die Kaffeebohnen für Cappuccino und Espresso werden stets per Hand gemahlen. Gern wird auch das Obst aus den eigenen Gärten verwertet. Neben ihrem Stammsortiment an Kuchen, wozu die Buchweizentorte zählt, liebt Ulrike Niggemeyer es, sich auszuprobieren. So erleben Stammkunden immer wieder neue Geschmackskreationen.

Wer nun glaubt, die leidenschaftliche Gastgeberin sei gelernte Konditorin, der hat weit gefehlt. Die gebürtige Duisburgerin ist Gärtnerin. Sie und ihr Mann kamen 2002 nach Veltheim, weil sie damals, in Wolfenbüttel wohnend, ein Haus mit mindestens 3000 Quadratmeter Grundstück suchten. Erstmals über das Internet gesucht, hat es sie »mitten in die Pampa« verschlagen, wie ein Gast es einst auf den Punkt brachte. Zu der Gartenmanufaktur Veltheim gehört neben dem Café Brennnessel mit seinem kleinen Laden auch der auf einem anderen Grundstück liegende, ca. 3500 Quadratmeter

CAFÉ BRENNNESSEL

Hauptstraße 9 • 38835 Veltheim (am Großen Fallstein) • Tel. 039426/863308
E-Mail: cafe-brennnessel@web.de • cafe-brennnessel.de
Öffnungszeiten: Do–So 14–18 Uhr, zudem jeden ersten Sonntag im Monat Frühstücksbüfett ab 10 Uhr, jeden dritten Freitag im Monat Abend-/Salatbüfett ab 17 Uhr

große Garten, sehr ökologisch bis wild, dessen Obst und Kräuter im Café verarbeitet werden. Mit diesem Garten ist die Gärtnerin als Stelle für das Freiwillige Ökologische Jahr (FÖJ) anerkannt.

Das Café befindet sich in einem eigens dafür erworbenen und mit viel Herzblut und Handarbeit sanierten Fachwerkhaus in der Ortsmitte. Der Wunsch nach beruflicher Veränderung führte zu dieser Entscheidung, die Ulrike Niggemeyer trotz aller Hürden nicht bereut. Am 1. April 2011 eröffnete sie ihr Café Brennnessel. Im idyllischen Garten fühlen sich nicht nur die Gäste wohl. Hauskatzen streifen um die Tische. Bienen und Hummeln erfreuen sich an den vielen verschiedenen Blüten. Hier dürfen Kräuter und Wildpflanzen, wie das echte Johanniskraut, nahezu ungezähmt wachsen, was dem Ort eine besondere Atmosphäre verleiht. Der Cafégarten ist ein Biotop für heimische Tiere. Interessierten Gästen erklärt Ulrike Niggemeyer gern die Wirkungsweisen der Pflanzen – sofern Zeit ist. Zu bestimmten Terminen oder auf Anfrage bietet sie auch Gartenführungen in ihrer Manufaktur an. »Ich möchte den Menschen näherbringen, warum wir mehr Natur brauchen«, erklärt die Gastgeberin ihr vielseitiges Engagement. »Ich freue mich immer, wenn ich Gäste dazu ermuntern kann, etwas mehr Bio zuzulassen.«

Bio und Vollwert sind ihre Steckenpferde. »Wer nur süßen Kuchen essen möchte, der wird bei uns nicht glücklich«, sagt sie aus Überzeugung. Ihre eigene Ernährung hatte sie bereits viele Jahre vor dem Café auf Vollwertkost umgestellt. »Anfangs konnte ich nur zwei Kuchen

Gemütlich eingerichtet, wirkt der Gastraum wie die gute Stube.
Im Sommer wird der idyllische Cafégarten zum Rückzugsort.
Gern werden auch Feierlichkeiten ausgerichtet.

sicher backen«, gesteht die Autodidaktin lachend. »Doch ich habe mich reingefuchst.« Das auch mit Unterstützung von Gästen und einer FÖJlerin. Stammgäste aus dem nahen Mattierzoll brachten ihr Bücher mit Rezepten für glutenfreien Kuchen, sodass die Hirse-Amaranth-Schnitte zum Standardsortiment gehört. Eine FÖJlerin brachte die vegane Ernährung ein. Passend dazu wird in einem kleinen Ladenbereich eine feine Auswahl an Bioprodukten angeboten.

Jeden ersten Sonntag im Monat gibt es ein Frühstücksbüfett mit frischen selbst gebackenen Brötchen, hausgemachten Aufstrichen und liebevoll kreierten Leckereien. Jeden dritten Freitag im Monat lockt das überwiegend vegetarisch-vegane Abend-/Salatbüfett. Die Renner sind dabei der vegane Nudelsalat mit selbst gemachter Mayonnaise sowie das frische Dinkel-Baguette. Dazu gibt es verschiedene Salate, eine Suppe und allerlei Fingerfood. Da sehr vieles frisch und von Hand zubereitet wird, sind Anmeldungen für die Büfetts erwünscht.

Unter dem Motto »Ein Fenster zum Verstehen von Naturzusammenhängen« stehen monatliche Leseabende. Gemeinsam mit einer Freundin liest Ulrike Niggemeyer aus empfehlenswerten Büchern. Mit diesen und weiteren Ideen möchte die engagierte Gastgeberin ihren Gästen stets besondere Momente bieten. Es gibt auch zwei Ferienwohnungen im Haus.

Ulrike Niggemeyers Tipp

Die kleine Fachwerkstadt Osterwieck am Fallstein ist absolut sehenswert. Viele der malerischen Fachwerkhäuser aus vier Jahrhunderten wurden liebevoll saniert. In der Reformationszeit hatte die Stadt eine Vorreiterrolle. Die protestantischen Inschriften der »sprechenden« Häuser machen dies deutlich.

Möhren-Kokos-Kuchen

Einer der beliebten veganen Kuchen von Ulrike Niggemeyer

Zutaten für eine Backform mit 28 cm Ø
Zutaten in Bioqualität (z. B. von Firma Rapunzel)

75 g Sonnenblumenkerne
250 g Dinkel
½ TL Natron (alternativ Backpulver)
60 g Lupinenmehl
etwa 20 g Zitronat
etwa 20 g Orangeat
etwa 30 g vegane Zartbitter-Kuvertüre
400 g Möhren
etwas Verjus (säuerlicher Saft aus unreifen Trauben; alternativ Zitronensaft oder Apfelessig)
150 g Rohrohrzucker
etwa 2–3 cm frische Ingwerwurzel
80 g Backöl (z. B. Sonnenblumenöl)
1 Prise Steinsalz
40 g Hanfsaat
150 g Kokosraspeln
2 EL Apfelessig (kann entfallen, wenn Backpulver verwendet wird)
150 ml Mineralwasser (mit Kohlensäure)

Zur Verzierung nach dem Backen
etwas Fruchtaufstrich, z. B. aus Weintrauben,
Kokosraspeln

Zubereitung

Für diesen Kuchen sind einige Schritte gut vorzubereiten. Zunächst die Sonnenblumenkerne in einer Pfanne rösten, bis sie beginnen, sich zu verfärben. Dann zum Abkühlen beiseitestellen. Den Dinkel frisch fein mahlen und mit dem Natron mischen. Als Alternative zum Natron kann auch Backpulver verwendet werden, dann den Apfelessig weglassen. Das Lupinenmehl mit 100 ml Wasser anrühren. Zitronat und Orangeat noch feiner hacken. Die Kuvertüre in kleine Stücke hacken. Die Möhren werden zu einem Teil grob, zu einem Teil fein geraspelt und mit Verjus und etwas Rohrzucker gemischt. Als Alternative zum Verjus kann auch etwas Zitronensaft oder Apfelessig verwendet werden. Den frischen Ingwer fein reiben und dazugeben.

Das Backöl, den übrigen Rohrzucker, eine Prise Salz und das eingeweichte Lupinenmehl in einer Schüssel kräftig verrühren. Die Hanfsaat, die Kokosraspeln, die gerösteten Sonnenblumenkerne, Zitronat, Orangeat, Kuvertüre, das Möhrengemisch und den Apfelessig dazu geben und verrühren. Etwa die Hälfte des Mineralwassers untermischen. Den gemahlenen Dinkel sowie den Rest des Mineralwassers vorsichtig unterheben.

Den Teig in eine gefettete und bemehlte Backform füllen und bei 180 °C Umluft ca. 45 Minuten backen. Anschließend leicht abkühlen lassen, nach Belieben mit Fruchtaufstrich bestreichen und mit Kokosraspeln verzieren. Der Kuchen kann lauwarm oder kalt serviert werden.

Geigenbauerin Renate Fink

Schönes der Nachwelt hinterlassen

Der Instrumentenbau ist für Renate Fink eine Passion. Sie erschafft etwas Langlebiges. Im besten Fall werden ihre Werke über Generationen weitergegeben. Eine Erfüllung, die sie antreibt und die auch ihre Kunden spüren.

In Bayern geboren, in Nürnberg aufgewachsen, hat es sie 2006 in das malerische Fachwerkstädtchen Osterwieck am Nordrand des Harzes gezogen. Die bis heute noch vergleichbar günstigen Immobilienpreise – »die sich auch eine Geigenbauerin leisten kann«, wie Renate Fink schmunzelnd anfügt – sowie die überschaubare Anzahl an Mitbewerbern waren ausschlaggebend. Ihr Herz verlor sie an einen wunderschön blühenden Kirschbaum im Hof eines nicht minder traumhaften, wenngleich sanierungsbedürftigen Fachwerkhauses von 1569. Diese Herzensentscheidung bereut sie bis heute nicht, auch wenn Vernunft ihr vermutlich das Leben erleichtert hätte.

Ihre Werkstatt für Streichinstrumentenbau befindet sich im ehemaligen Stallgebäude. Ein inspirierender Rückzugsort, der ihr die notwendige Ruhe bietet, um in akribischer Handarbeit historische Instrumente zu restaurieren und zu reparieren oder Unikate nach Kundenwünschen neu zu bauen.

Bereits seit 1995 ist Renate Fink Instrumentenbauerin. Nachdem sie während des zunächst begonnenen Musikstudiums feststellte, dass Musizieren auf der Bühne nicht ihr Ding ist, entschied sie sich für eine Geigenbau-Ausbildung in London. Während der Klang von Musik zwar Emotionen weckt, jedoch schnell verhallt, erschafft sie mit ihrem Handwerk etwas, was auch der Nachwelt erhalten bleibt. Zumal insbesondere Profimusiker in der Regel eine innige Verbindung zu ihrem Instrument haben. Daher ist die Zusammenarbeit, gerade bei der Restauration von Erbstücken, immer auch eine sehr große Vertrauensfrage. Um das geliebte

GEIGENBAUERIN RENATE FINK
Hagen 45 • 38835 Osterwieck • Tel. 039421/688 46
E-Mail: sonare@freenet.de • renatefink.com
Termine nach Vereinbarung

neurupp
MACHON

Renate Finks Tipp

Bei einer Stadtführung lernen Sie Osterwieck und seine Geschichte besser kennen. Im schönen Schäfers Hof mit seinem malerischen Garten lädt zudem der Förderverein Schäfers Hof regelmäßig zu Lesungen, Konzerten und Veranstaltungen ein.

Stück aus der Hand zu geben, muss die Chemie stimmen. Und damit auch Renate Fink die Kundenwünsche erfüllen kann, ist eine gegenseitige Sympathie unerlässlich. Entsprechend nimmt sie sich viel Zeit, um ihre Kunden in ersten Gesprächen kennenzulernen und die Gemeinsamkeiten zu entdecken.

Anfangs konzentrierte sich die Geigenbauerin auf den Neubau von historischen Streichinstrumenten, wie Gamben und Barockinstrumenten. Mittlerweile liegt ihr Schwerpunkt allerdings auf Reparaturen und großen Restaurationen von Geigen, Bratschen, Gamben, Celli und Kontrabässen. So ist es kaum verwunderlich, dass zahlreiche Instrumente in unterschiedlichsten Zuständen ihre Werkstatt füllen. Die ältesten Stücke waren bisher eine Amati-Geige aus dem 16. Jahrhundert und eine Viola d'amore von 1680. Gerade die Arbeit am letzteren Stück zeigt, wie anspruchsvoll und kreativ die Restaurierungsarbeiten sind. Ursprünglich hat eine Viola d'amore fünf Saiten, doch dieses Exemplar wurde in den vergangenen Jahrhunderten einmal auf vier Saiten gekürzt. Die Instrumentenbauerin hat das gute Stück in seinen Ursprungszustand zurückversetzt.

»Für jeden noch so kleinen Schaden muss ich eine Lösung finden, wie ich das wieder hinbekomme«, erklärt die leidenschaftliche Handwerkerin die besondere Herausforderung ihrer Tätigkeit. »Die individuelle Problemlösung ist für mich viel kreativer als der Neubau nach vorgegebenen Standards.« Ihre Arbeit ist eine besondere Mischung aus Handwerk und Musik. Stechbeitel, Schnitzeisen und allerlei Werkzeug füllen die Werkstatt. Im Regal an der Wand sticht ein Handbohrer »made in England« ins Auge. Es ist eines ihrer ältesten Werkzeuge, ein

Exemplar, das sie sich in Studentenzeiten leisten konnte. Bei einigen Aufgaben ist der Handbohrer unersetzlich. Nur per Hand lässt sich so langsam bohren wie notwendig, um jegliches Aussplittern zu vermeiden oder auch schwierige Winkel zu meistern. Manchmal ist es sogar erforderlich, dass sie sich eigene Werkzeuge kreiert, damit Reparaturen gleich beim ersten Versuch gelingen.

Auch beim Neubau von Instrumenten kann Renate Fink mittlerweile ihrer Kreativität gerecht werden, wenn sie Sonderwünsche ihrer Kunden erfüllt. So durfte sie eine moderne Gambe mit Perlmutt verzieren oder auch ein aufgerolltes Farnblatt als Schnecke für eine Geige schnitzen. Ihr Beruf vereint allerlei handwerkliches Geschick, wie Hobeln und Schnitzen, mit der Liebe zur Musik. Aus Spaß an der Freude macht die Geigenbauerin selbst noch Musik. Für ihre Arbeit ist das Musizieren wichtig, um in verschiedenen Reparaturphasen die Qualität zu kontrollieren. Verblüfft war sie, als sie eine nach sehr detaillierten Vorgaben gebaute Geige ihrer Kundin übergab und diese noch gar nicht spielen konnte. Sie hatte sich ein Unikat bauen lassen, um mit dem Musizieren zu beginnen. »Das sind Momente, die meinen Beruf unvergleichlich machen«, schwelgt Renate Fink in der Erinnerung.

Osterwieck ist dank der Nähe zu niedersächsischen Ballungszentren und zu Orchestern der Nachbarorte für Renate Fink ein vorteilhafter Standort. Interessierte Musiker begrüßt sie nach Terminabsprache gern in ihrer Werkstatt.

Musiker geben ihre Instrumente zur Reparatur in Renate Finks Werkstatt. Geigenbau ist ein vielseitiges Handwerk, das geeignetes Werkzeug erfordert. Gleichzeitig sind Geschick und Erfahrung wesentlich für den Bau und die Reparaturen.

Eiscafé und Kreativstube

Handgemachte Vielfalt

Nach mehr als 20 Jahren Hauskrankenpflege hat Kristina Henze sich einen Traum erfüllt. Eine zum Café und zur Kreativstube ausgebaute Scheune, in der sie nach Herzenslust ihre Gastfreundschaft auslebt. Mit Kreativität, Qualität und Liebe zum Detail möchte sie überzeugen, was ihr bestens gelingt.

Kreativität begleitet die fröhliche Café-Besitzerin von Kindesbeinen an. Inspiriert von ihrer Mutter, deren Töpferhandwerk in der Kreativstube einen festen Platz hat, hat sie bereits als Kind und Teenager allerlei ausprobiert. 2009 kam sie dann zum Seifengießen und eröffnete 2013 ihre »Seifenzauberei«. Duftende Seifenkreationen in verschiedenen Farben und Formen, Badekugel-Pralinen und selbst gezogene Kerzen füllen die Regale in der Kreativstube. Hier ist für jeden Geschmack und Geldbeutel etwas zu finden. Und wer mag, kann selbst kreativ werden. Ob zum Kindergeburtstag für Kinder ab fünf Jahren, als Junggesellinnenabschied oder Freundinnen-Nachmittag: In einem eineinhalb- bis zweistündigen Workshop gibt die Künstlerin ihr Wissen weiter. In der kleinen Seifenmanufaktur im oberen Stockwerk der Scheune finden sechs bis zehn Teilnehmer Platz. Auf Wunsch werden sie auch mit selbst gebackenem Kuchen und leckeren Kaffeespezialitäten verwöhnt.

Dass sich Kristina Henze seit 2019 auch als Gastronomin betätigt, hat sie ihrem Mann Sandy zu verdanken. Und dem kleinen Café Schwalbennest in Bettingerode bei Bad Harzburg, das ihren Traum von einem eigenen Café schürte. »Wenn du das wirklich willst, dann eröffnen wir ein Café«, waren die Worte ihres Mannes, die relativ schnell in die Tat umgesetzt wurden. Die Scheune direkt neben der damaligen Seifenmanufaktur wurde zum Café umgebaut – mit allen Hürden, die ein Bauvorhaben im historischen Bestand so mit sich bringt.

EISCAFÉ UND KREATIVSTUBE
Hochofenstraße 38 • 38871 Ilsenburg • Tel. 039452/494483
eiscafe-kreativstube.de
Öffnungszeiten: Mi–So 14–17.30 Uhr

Hell und gemütlich zeigen sich die Gasträume auf zwei Etagen. Ein Cafégarten bietet ein idyllisches Plätzchen für eine gemütliche Auszeit. Ob sich der Ehemann, ursprünglich selbstständiger Elektriker, zu Beginn hatte träumen lassen, dass er selbst auch in die Gastronomie wechseln würde, ist wohl eher unwahrscheinlich.

Mittlerweile betreibt das Ehepaar das Café mit Leidenschaft und hat es über die Jahre hinweg stetig weiterentwickelt. Zwischenzeitlich gab es sogar einen zweiten Gastronomiebetrieb. Doch der nach der Coronapandemie herrschende Personalmangel zwang sie zur Schließung. »Nur als Paar mit zwei schulpflichtigen Kindern war das leider nicht zu bewältigen«, berichtet Kristina Henze. »Doch es öffnet sich immer wieder eine Tür und so werden wir das Angebot in der Kreativstube erweitern.« Ziel ist es, mittelfristig eine Vollgastronomie einzurichten. Dann wird es in naher Zukunft frische Hamburger mit selbst gebackenen Brötchen und leckere » Dändele«, eine Mischung aus Pizza und Flammkuchen, geben. Das Unternehmen ist auch Ausbildungsbetrieb.

Mit der Neuausrichtung bleibt das Paar dem Anspruch treu, Selbstgemachtes von hoher Qualität und abwechslungsreicher Kreativität zu bieten. »Unser Mehl kaufen wir bei der Getreidemühle Schröder in Thale«, erzählt Kristina Henze. »Unser Eis wird nur mit Frischmilch hergestellt und Palmöl wird bei uns nicht verwendet.« Ein Qualitätsversprechen, das ihr am Herzen liegt. Denn nur dank einem bewussten Umgang mit den Ressourcen und gut ausgewählten Rezepturen ist ihr Handeln wirklich

In den Regalen der Kreativstube sind allerlei Mitbringsel zu finden. Handgefertigte Duftkerzen gibt es in verschiedenen Variationen. Im gemütlichen Gastraum lässt sich wunderbar Zeit verbringen.

nachhaltig. Im Sommer sind die bis zu 17 Eiskreationen, darunter auch veganes und glutenfreies Eis, besonders beliebt. Die Rezepturen sind überwiegend Eigenkreationen, die nach und nach ausgetüftelt werden, ebenso wie Softeis und Frozen Joghurt. In der Saison ist auch der Eis-Bus auf Festen und Märkten im Einsatz oder kann von Kindergärten und Schulen gebucht werden. Auch das Kuchenangebot variiert. Alle Kuchen und Torten werden frisch gebacken. Dazu gibt es leckere Waffeln, deren Rezept die fleißige Bäckerin allerdings nicht preisgibt.

Die Kreativstube ist eine wahre Fundgrube und Schatzkiste für ganz persönliche Mitbringsel. Mit viel Liebe zum Detail gestaltet Kristina Henze beispielsweise Muttertagstüten, »Herrenhandtaschen« oder »Elternauszeiten«. In den Überraschungspäckchen sind dann allerlei Kleinigkeiten verpackt, die Herz und Seele erfreuen. Neben den Töpferwaren ihrer Mutter, Duftkerzen, Seifen und weiteren Eigenkreationen werden auch ausgewählte Dekoartikel angeboten. Es lohnt sich also, einmal ganz entspannt durch die Kreativstube zu stöbern. In der Advents- und Weihnachtszeit gibt es zudem eine kleine Adventsausstellung im Café.

Dass das Café etwas abseits der Innenstadt von Ilsenburg liegt, ist für Kristina Henze kein Nachteil. Zum einen kann sie Parkplätze direkt vor der Tür anbieten und zum anderen hat sich ihr Angebot bereits herumgesprochen. Kuchen »to go« ist ebenso möglich wie das Mitbringen von Hunden und Kindern. »Wir wollen unseren Gästen unvergessliche Momente bescheren«, so Kristina Henze. Das ist bei einem Besuch im Café spürbar.

Kristina Henzes Tipp

In der Harzköhlerei Stemberghaus bei Hasselfelde ist das traditionelle Köhlerhandwerk zu erleben. Ich finde es beeindruckend, wenn die Kohle aus dem Erdmeiler geerntet wird. Ein kleines Museum informiert über das Handwerk und in der großen Köhlerhütte lässt es sich wunderbar einkehren.

Schwedische Apfeltorte

Diese Torte gehört zu Kristina Henzes Lieblingskuchen

Zutaten

Für den Boden

6 Eier
300 g Zucker
300 g Mehl
1 Pck. Backpulver

Für die Füllung

1 Tafel weiße Schokolade
2 Becher Schmand
1 Glas Apfelmus
etwas Apfelsaft
2 Pck. Vanillepuddingpulver

Für die Dekoration

Schlagsahne und Schokoraspeln

Zubereitung

Für den Boden die Eier und den Zucker schaumig schlagen. Mehl und Backpulver dazugeben und weiter mixen. Den Teig in eine Springform geben und bei 180 °C Umluft ca. 45 Minuten backen.

Wenn der Tortenboden abgekühlt ist, diesen in drei Böden teilen. Die Schokolade schmelzen. In die geschmolzene Schokolade den Schmand unterheben. Die Masse auf zwei Böden gleichmäßig verteilen und die Böden übereinanderlegen. Anschließend einen Tortenring um die bereits belegten Böden legen. Das Apfelmus in einen Kochtopf geben. Etwas Apfelsaft mit dem Puddingpulver vermischen und in das Apfelmus einrühren. Unter ständigem Rühren kurz aufkochen lassen und auf den dritten Tortenboden (im Tortenring) verteilen.

Abkühlen lassen und danach noch eine Schicht Schlagsahne gleichmäßig auf dem erstarrten Apfelmus verteilen. Mit Schokoraspeln dekorieren.

Heimat

Atelierschmiede Harz

Traditionelles Handwerk mit Zukunft

Die ehemalige Güterbodenhalle von 1876 am Bahnhof von Wernigerode gibt der Atelierschmiede Harz den passenden Rahmen: authentisch, traditionell, bodenständig und zukunftsweisend. So, wie Carolin Stolze und Wolf-Dieter Wittig ihr Handwerk verstehen.

Die Thüringerin und der Sachse haben sich gesucht und gefunden. Die Architektin und der Schmiedemeister mit großer Leidenschaft für Restaurierungen rekonstruieren Metallarbeiten nach historischem Vorbild oder fertigen nach eigenen Entwürfen Auftragsarbeiten an. Sie verbinden den praktischen Nutzen von Treppen, Zäunen oder Fenstern mit Schönheit und Kunst. Für die Nutzung und Umnutzung historischer Gebäude entwickeln sie zeitgemäße Konzepte, die den Gebäudecharakter erhalten. Das traditionelle Handwerk mit ins Heute zu übernehmen, ist ihr Anliegen. »Für die Gesellschaft ist eine vielseitige Kultur wichtig«, betont Wolf-Dieter Wittig. »Das Schmiedehandwerk ist ein bedeutendes Kulturgut, das wir mit unserer Arbeit erhalten wollen.«

Das gelingt den beiden offensichtlich. Zumindest haben sie im Gegensatz zu anderen Betrieben keine Nachwuchssorgen. Das Team der Atelierschmiede Harz besteht aus sechs Mitgliedern, darunter zwei Lehrlingen. Obwohl eine Schmiedeausbildung dreieinhalb Jahre dauert und durchaus hohe Ansprüche an Kraft, Ausdauer und naturwissenschaftliches Verständnis stellt, gibt es genügend Interessenten. Ein Lehrling ist sogar aus Italien in den Harz gekommen. Er hatte die Atelierschmiede Harz bei den Schmiedeweltmeisterschaften in Stia/Italien kennengelernt und sich begeistern lassen. Von der Kombination aus Planung und Schmiedekunst profitieren auch die Lehrlinge. Neben dem Schmiedehandwerk lernen sie das technische Zeichnen, erarbeiten Technik- und Formverständnis und können so später eigene Konstruktionen entwickeln.

Wolf-Dieter Wittig selbst ist eher spät zu seiner heutigen Passion gekommen. Mit 28 Jahren hat er die Schmiedeausbildung bei einem Schüler des bekannten Kunstschmieds Fritz Kühn begonnen. Sein Wunsch war es, die

ATELIERSCHMIEDE HARZ
Feldstraße 12 • 38855 Wernigerode • Tel. 03943/55 73 73
E-Mail: info@atelierschmiede-harz.de • atelierschmiede-harz.de
Öffnungszeiten: Mo–Sa 10–17 Uhr (unverbindlich), Termine auf Anfrage

Feinheiten der Schmiedekunst von der Pike auf zu lernen. Auf der Suche nach einer historischen Schmiede, wo er seine Selbstständigkeit als Schmiedemeister und Restaurator im Handwerk ausbauen konnte, kam er 2008 nach Wernigerode. Anfangs betrieb er dort die Krellsche Schmiede im Zentrum der bunten Stadt am Harz. Weil diese zu klein und häufig eher als Museum angesehen wurde, übernahm er 2010 die ehemalige Güterbodenhalle – nach 20-jährigem Leerstand. Wie clever und sparsam die Handwerker im 19. Jahrhundert vorgegangen waren, war an vielen Stellen der Halle sichtbar. Bei der Sanierung wurden vor allem Baustoffe verbaut, die im Gebäude vorhanden waren. Die heutige Schmiede ist ein anschauliches Beispiel dafür, wie ein solches Objekt zeitgemäß genutzt werden und zugleich sein historischer Charakter erhalten werden kann.

Im Eingangsbereich der Halle sind handgeschmiedete Fackeln, Feuerkörbe und vieles mehr ausgestellt. Jedes Objekt ist ein Unikat und doch »Standard« der Atelierschmiede. »Standardaufgaben sind wichtig als Übungsobjekte für unsere Lehrlinge«, erklärt Carolin Stolze. »Bei uns erhalten sie eine sehr vielseitige Ausbildung dank unserer breit gefächerten Ausrichtung.«

Nachhaltigkeit ist in der Atelierschmiede kein Trend, sondern Tradition. Da ist es kaum verwunderlich, dass historische Schrauben zu Kunstobjekten umfunktioniert werden. Auch wenn hier das traditionelle Handwerk gelebt wird, so muten einige Maschinen doch museal an. Beispielsweise der Lufthammer von 1959,

Handgeschmiedete Unikate sorgen für ein besonderes Ambiente. Die Planung und Umsetzung von Architekturprojekten gehören zum Angebot der Atelierschmiede. Beim Schmieden werden Carolin und Wolf zu einer Einheit.

der 20 Jahre am Schacht in Elbingerode stand, ehe er in Wernigerode wieder zum Einsatz kam. Auf seinen Maschinenpark ist Wolf-Dieter Wittig stolz. In mehr als 20 Jahren hat er diesen nach seinen speziellen Wünschen zusammengestellt. Neben modernen Schweißgeräten steht die kompakte, stromsparende hydraulische Schere mit DDR-Patent. Ein Paradies für Maschinen- und Schmiedefans.

Und wer gibt hier nun den Ton an – Carolin oder Wolf? »Beide«, ist lachend und unisono die prompte Antwort. Sie vertreten in ihrem Betrieb die Norddeutsche Schmiedeschule. Schlag um Schlag im Gleichtakt wird das Eisen zu zweit geschmiedet. Damit das Schmieden funktioniert, sind Ton, Tempo, volle Konzentration und der Verlass aufeinander unabdingbar. Während bei der Planung durchaus auch mal hitzig diskutiert wird, bis beide mit dem Ergebnis zufrieden sind, gibt es beim Schmieden nur den Gleichklang.

Caros und Wolfs Tipp

Das Palmenhaus im Wernigeröder Lustgarten ist ein noch unsanierter Diamant. Uns begeistert die clevere lichte Stahlkonstruktion im Verbund mit heimischen Baustoffen. Neue Detaillösungen erweitern hier sichtbar den architektonischen Gestaltungsspielraum.

Carolin Stolze und Wolf-Dieter Wittig vermitteln bei Führungen und Kursen ihr Wissen. Von einfachen Schnupper- und Familienkursen bis hin zum Messerschmiedekurs »Vom Damast zum Messer« für Fortgeschrittene kann hier die Kunst des Schmiedens erlernt werden. Zu besonderen Anlässen ist die Atelierschmiede Harz auch mit ihrer mobilen Schmiede unterwegs. An der Atelierschmiede kann mit dem Wohnmobil übernachtet werden.

EINE PORTION

Kreativ-Café »Alte Drechslerei«

Holzhandwerk und Gastgeber-Leidenschaft

Juliane Däter haucht dem familiären Betrieb neues Leben ein. In Eilenstedt am Huy verwandelt sie nach und nach die »Alte Drechslerei« zu einem geselligen Anlaufpunkt für Liebhaber von Kunsthandwerk und gutem Kaffee.

Beim Betreten des kleinen Cafés, einst Verkaufsraum der Drechslerei, überrascht die Vielfalt der großen und kleinen Dinge, die es zu entdecken gibt. Verschiedenste Holzarbeiten, vom Dekopilz über Herzen bis hin zu Flaschenöffnern und Thermometern, handgedrechselt und gefertigt von Drechslermeister Ulrich Däter. Julianes über 80-jähriger Vater ist nach wie vor aktiv, drechselt aus Leidenschaft und lässt Besucher daran teilhaben. Ausgediente Sägeblätter wurden vom Bruder der Gastgeberin kurzerhand in schmucke Wanduhren verwandelt. Juliane Däter selbst steht den beiden in Sachen Kreativität, Ideenreichtum und handwerklichem Geschick in nichts nach. Sie sägt, schleift und wachst das Holz, passend zu 150 Jahren Traditionsfolge im Tischlerhandwerk. Ihr Faible ist das Wiederverwerten alter Dinge, Upcycling auf Neudeutsch. Aus Sammeltassen hat sie eine wunderschöne Etagere gefertigt. Dabei hat sie Feingefühl und handwerkliches Geschick bewiesen, ist es doch eine Kunst, die Keramik ohne Sprung und Risse anzubohren.

Damit Stöbern und Verweilen zum Genuss werden, gibt es stets auch ein Getränk, vornehmlich eine große Kaffeeauswahl. Wer nun irritiert schaut, weil die umweltbewusste Gastgeberin Kapselkaffee hervorzaubert, darf beruhigt sein. Der produzierte »Müll« wird von ihr zu Schmuck und Broschen verarbeitet. Der Clou: Letztere sind mit einem starken beidseitigen Magneten ausgestattet. So hält das schöne Accessoire auch an dickeren Stoffen und kommt ganz ohne Löcher aus. Juliane Däter hat ein Händchen dafür, alte Sachen wiederzuverwerten. Der Nähmaschinentisch und

KREATIV-CAFÉ »ALTE DRECHSLEREI«
Hans-Richter-Straße 7 • 38838 Huy OT Eilenstedt • Tel. 0176/55014595
juliasholzboutique.etsy.com
Öffnungszeiten: siehe Facebook und WhatsApp-Status

die Wäschemangel werden zum Kaffeetisch. Im Außenbereich werden große hölzerne Schlauchtrommeln zu stylishen Stehtischen. Gern übernimmt sie auch Auftragsarbeiten zur Restaurierung oder zum Upcycling. Dann erhält beispielsweise das kaputte Lieblingsglas einen hölzernen Sockel und dient zukünftig als Schale für Süßigkeiten. »Ich liebe es, alte Sachen aufzupeppen«, betont die gelernte Krankenschwester. »Alle meine Werke sind Unikate und zu jedem gibt es eine Geschichte.« Um möglichst wenig Müll zu produzieren, werden Schnapsflaschen zu Teelichthaltern und Aschenbechern umfunktioniert.

Mehrmals im Jahr finden Events in der »Alten Drechslerei« statt – Herbstfest, Halloween, Weihnachtsmarkt, Tag der offenen Tür und viele andere. Dann ist es ein Familienbetrieb im wahrsten Sinne des Wortes: Alle packen mit an. Die frühere Küche der Oma wird zur Backstube. Leckere Kuchen nach alten Rezepten erfreuen an diesen Tagen die Besucher. Werkstattführungen und Schau-Drechseln werden angeboten. Die »Alte Drechslerei« erwacht zu neuem Leben. »Wir sind ein Drei-Generationen-Haus«, erzählt Juliane Däter in Erinnerungen schwelgend. »Es ist so schön, dass die Familie gleichermaßen Freude an den neuen Aufgaben hat.« Unabhängig von den Events ist das Kreativ-Café samstags und an wechselnden Tagen in der Woche geöffnet – bekannt gemacht via Facebook und WhatsApp-Status. Wanderer, Radler und Biker genießen auf der sonnigen Terrasse eine wohlverdiente Auszeit. Dass Juliane Däter ihre Zukunft in ihrer Heimat, dem

Die Alte Drechslerei ist ein schöner Anlaufpunkt für eine kurze Auszeit.
Die Raysin-Figuren werden von Juliane Däter selbst gegossen. Im Ausstellungsraum wird der Ideenreichtum der Gastgeberin eindrucksvoll sichtbar.

800-Seelen-Örtchen Eilenstedt, finden würde, war lange eher unwahrscheinlich. Sie lebte 16 Jahre lang in der Schweiz, war dort als Pflegekraft geschätzt. Einbürgerung statt Rückkehr stand eher auf dem Plan. »Manchmal kommt es eben anders«, stellt sie lachend fest. »Wer weiß, wofür es gut ist.« In der Coronazeit 2020 kehrte sie aus familiären Gründen zurück in den Nordharz – ein Glücksfall für den Ort und ihre Gäste. Sie arbeitet als Pflegekraft in einem Kinderheim. Zukünftig möchte sie das Café weiter ausbauen. Initialzündung für die Idee, den Familienbetrieb touristisch wiederzubeleben, war die Fertigstellung eines 17 Kilometer langen Radwegs auf der ehemaligen Bahntrasse zwischen Dedeleben und Haus Nienburg. »Unser alter Bahnhof ist nur 50 Meter von der Drechslerei entfernt«, erklärt die Gastgeberin. »Da war es naheliegend, ein Angebot zu schaffen, das auch für Touristen interessant ist.« Der große Hof mit den imposanten Backsteingebäuden ist seit 1931 in Familienhand. »Wir werden auf Dauer nicht alles halten können«, berichtet Juliane Däter mit einem leichten Bedauern in der Stimme. »Doch für die Drechslerei habe ich schon Ideen.« Ihr schweben Ferienwohnungen im Loft-Stil vor, mit zufriedenen Gästen, die die Abgeschiedenheit und die schöne Landschaft zu schätzen wissen und sich im Café bewirten lassen. Noch ist es Zukunftsmusik, ein wachsender Prozess. Doch wer Juliane Däters Begeisterung spürt, weiß, dass es für sie nur immer weiter vorangehen kann.

Juliane Däters Tipp

In der kleinen Heimat-Stube in Schlanstedt, vier Kilometer von hier, wird eine interessante Zeitreise in die Vergangenheit unserer Region gezeigt. In 15 Stuben sind rund 5000 Exponate zu sehen, die das ländliche Leben widerspiegeln. Im Außenbereich begeistern historische Landmaschinen.

Omas Kirschstreuselkuchen

Zu festen Terminen gibt es Kuchen nach alten Rezepten

Zutaten für eine Springform mit 28 cm Ø

Für den Boden (für alle Obstsorten geeignet)

150 g Butter
150 g Zucker
200 g Mehl
½ Pck. Backpulver
Kirschen oder Äpfel

Für die Streusel

100 g Butter
100 g Zucker
150 g Mehl
etwas zerlassene Butter
1 Pck. Vanillezucker

Zubereitung

Für den Boden Butter und Zucker schaumig rühren, anschließend Mehl und Backpulver untermischen. Den Teig gleichmäßig in einer gefetteten Springform verteilen und dicht mit Kirschen oder anderem Obst belegen. Den Ofen vorheizen (200 °C, Umluft 180 °C).

Für die Streusel ebenfalls Butter und Zucker schaumig rühren. Das Mehl mit den Knethaken untermischen. Mit den Händen weiterkneten, bis größere Teigkrümel entstehen. Die Streusel über dem Obst verteilen, mit etwas zerlassener Butter bestreichen und mit Vanillezucker bestreuen – so werden die Streusel schön knusprig. Etwa 30–35 Minuten backen.

Tommy's
COFFEE

Thalenser Hexenmanufaktur

Handgemachte Harzer Unikate

Martina Siebert-Sperling und Peggy Fiedler sind die Oberhexen im Bodetal. Na ja, nicht gerade richtige Hexen im herkömmlichen Sinn, doch durch ihr Engagement und ihre Kreativität erhalten sie eine jahrzehntelange Tradition: Sie betreiben die einzige Hexenmanufaktur im Harz. Und sie sagen von sich selbst: »Ein bisschen verrückt muss man schon sein.«

Bereits seit den 1950er-Jahren werden in Thale Hexen und Teufel in aufwendiger Handarbeit gestaltet. Vom Schlüsselanhänger bis zu nahezu lebensgroßen Hexenpuppen ist die Vielfalt riesig. Miniatur-Kopftücher und Röcke werden genäht, der Draht als »Skelett« mit Chenille-Garn überzogen, Köpfe gegossen, Schuhe gedrechselt und kleine Besen gebunden. Zu DDR-Zeiten produzierten mehr als 20 Angestellte im Jahr bis zu 14 000 der zeitlosen Harzer Souvenirs. Der Betrieb ist als einer von wenigen stets in privater Hand geblieben. Mit der Wende brach der Absatz ein, das Personal wurde entlassen. Nur Elke Götz, seit 1982 Mitarbeiterin der »Thalenser Brockenhexen«, führte mit Unterstützung ihres Mannes die Tradition weiter.

Mit 66 Jahren – 2018 – suchte sie endgültig einen Nachfolger und fand mit Martina Siebert-Sperling und Peggy Fiedler zwei Unternehmerinnen, die genügend Energie und Leidenschaft für das Handwerk mitbrachten. Sie wurden ein halbes Jahr lang angelernt und sind nun begeisterte Hexenmacherinnen. Die beiden gebürtigen Harzerinnen, ein Thalenser Urgestein und eine »Zugereiste« aus Siptenfelde, sind mit der Tradition und dem Kult rund um die Harzer Hexen aufgewachsen. Ursprünglich als Kolleginnen im Landschafts- und Gartenbau aktiv, entschieden sie sich bereits 2016 für eine gemeinsame Selbstständigkeit im Bereich Kommissionierung und Logistik. Dass sie sich dann für eine Erweiterung ihres Geschäfts-

THALENSER HEXENMANUFAKTUR

Bahnhofstraße 1 • 06502 Thale • Tel. 03947/775 73 20
E-Mail: kontakt@hexenmanufaktur-thale.de • hexenmanufaktur-thale.de
Öffnungszeiten: täglich 10–17 Uhr

M. Siebert-Sperlings Tipp

Die Teufelsmauer bei Neinstedt und Weddersleben, nur wenige Kilometer von Thale entfernt, gehört zu den mystischen Plätzen im Harz. Dort lässt es sich wunderbar wandern. Die bizarren, eigentümlichen Felsformationen sind beeindruckend.

feldes durch die Thalenser Hexenmanufaktur entschieden, war eher eine spontane Aktion. »Unsere Motivation war, ein traditionelles Handwerk zu erhalten«, erzählt Martina Siebert-Sperling. »Dass das mal zu unserer Haupttätigkeit werden würde, war zu dem Zeitpunkt noch nicht klar«, ergänzt Peggy Fiedler.

Die Hexenmanufaktur befindet sich in Räumlichkeiten am Bahnhof von Thale ganz in der Nähe des wildromantischen Bodetals und des Mythenpfades direkt neben der Touristeninformation. Der große Verkaufsraum gleicht einem kunterbunten Souvenirladen. Wer hier Ware »made in China« sucht, wird nicht fündig werden. Abgesehen von den handgefertigten Hexen und Teufeln in acht verschiedenen Größen sind auch die weiteren Artikel sehr bewusst ausgewählt. »Wir wollen nicht nur unser Handwerk stärken«, erklärt Martina Siebert-Sperling, »sondern auch andere regionale und bundesweite Traditionsbetriebe unterstützen.« Bücher, Liköre und Harzer Produkte sind hier erhältlich. Im Winter bereichern extra mit Motiven aus Thale angefertigte Schwibbögen – die traditionelle erzgebirgische Weihnachtsdekoration – das Sortiment. Hölzerne Kerzenständer kommen aus Seiffen. Magnete, Schneekugeln mit Hexen und Teufel, hölzerne Kochlöffel und vieles mehr werden angeboten. Ein Mitbringsel für Daheimgebliebene ist auf jeden Fall zu finden. »Wir haben noch reichlich Ideen«, gesteht Peggy Fiedler lachend. »Manchmal muss man uns auch bremsen.« Obwohl die Hexen und Teufel in liebevoller Handarbeit entstehen, sind sie preislich vergleichbar mit internationaler Industrieware. Bereits ab sieben

Euro sind die kleinen Figuren erhältlich, sowohl in Thale als auch in weiteren Läden der Region.

In der kleinen, offenen Hexenwerkstatt sind fleißige Helferinnen am Werk, die ebenso ihr Herz an das Handwerk verloren haben. Durch Schaufenster kann man beobachten, wie sie beispielsweise Haare und Kopftücher an den handbemalten Köpfen anbringen. Die Kleidung der Hexen wird selbst genäht. Sogar original Dederon-Kittelstoffe, das Nylon der DDR, werden noch verarbeitet. Die aus Plastik gepressten und ausgegossenen Köpfe machen die Figuren haltbarer. Selbst die Schuhe werden eigens angefertigt. Es wird gefräst, gesägt, gebohrt und gedrechselt – Hexenmachen ist eine vielseitige Kunst. In Thale wird überwiegend mit Naturmaterialien gearbeitet. Ein Grund, warum Reparaturen von Import-Hexen nicht möglich sind, dafür fehlt das passende Material. Wer eine größere Hexe bestellt, kann sich diese individuell zusammenstellen lassen.

Die Freude am Hexenmachen teilen die Unternehmerinnen gerne mit begeisterungsfähigen Kindern. Täglich montags bis freitags können sie sich unter Anleitung ihre persönliche Hexen- oder Teufelsfigur basteln. Begonnen hat dies bereits beim Hexoween 2018, die Thalenser Variante von Halloween, als die beiden an ihrem Stand von 100 Kindern nahezu überrannt wurden. Schulklassen oder Kindergeburtstage können sich zu einer gemeinsamen Bastelaktion anmelden. »Mittlerweile steckt unser Herzblut in der Hexenmanufaktur«, bestätigen die Harzerinnen gemeinschaftlich. »Wir haben die Entscheidung nie bereut.«

In der Hexenmanufaktur sind viele weitere Produkte aus der Region erhältlich. Die großen Hexen werden gern individuell gefertigt. In Thale ist das Hexenmachen noch echte Handarbeit.

Bookogami – Anka Brüggemann

Zauberhaftes aus alten Büchern

Kleben, falten, schneiden, pressen, fälteln, spalten, nähen, reißen – wenn Anka Brüggemann ein Buch in die Hände fällt, übernimmt die Kreativität und lässt besondere Kunstwerke entstehen. »Bookogami« ist die besondere Art, Büchern ein zweites Leben einzuhauchen.

In einem malerischen Hinterhof der UNESCO-Welterbestadt Quedlinburg befindet sich das Quartier 7. Ein Hof mit Kunst und Handwerk, wo Anka Brüggemann bereits seit 2005 ihre Leidenschaft für Bücher auf besondere Weise lebt. Während sie anfangs mit einer Kollegin dort die Buch Bar betrieb, einen Laden für »anonyme Bookoholiker« mit Accessoires und Wunderlichkeiten für Büchernarren, entwickelte sich nach und nach »Bookogami« zur eigentlichen Berufung. Die Buch Bar wird seit 2017 vom ersten Bücherhotel Deutschlands, dem Gutshotel Groß Breesen in Mecklenburg-Vorpommern, weitergeführt.

Mit der kreativen Verwertung alter Bücher begann die Künstlerin schon 2005. Anfangs gestaltete sie daraus Deko für den Laden. Die Nachfrage der Kunden nach diesen Objekten sorgte für einen weiteren Geschäftszweig. »Am Anfang war es noch tabu, Bücher zu zerschneiden«, berichtet Anka Brüggemann. »Damals bekam ich überschüssige Druckbögen aus der hiesigen Druckerei, die ich verarbeiten konnte.« Als Nächstes wurden dann Duden verwertet, die seinerzeit ohnehin alljährlich eine Neuauflage erfuhren. Durch besondere Faltmuster entstanden Wörter oder Motive im Buchblock, mit denen das Bücherregal optisch aufgepeppt wurde.

Über die Zeit verschwand die Scheu, Bücher zu zerschneiden. Denn dank »Bookogami« bekommen alte Schinken, ganz gleich ob abgegriffen, vergilbt oder beschädigt, eine neue Aufgabe. »Bücher mit handschriftlichen Notizen haben für mich einen ganz

BOOKOGAMI – ANKA BRÜGGEMANN
Marktstraße 7 • 06484 Quedlinburg • Tel. 03946/9074462
E-Mail: kontakt@bookogami.de • bookogami.de
Öffnungszeiten: Mo–Fr 10–16.30 Uhr, Sa 10–16 Uhr

Anka Brüggemanns Tipp

Die Sternwarte auf dem Strohberg in Quedlinburg, errichtet auf einem denkmalgeschützten Trinkwasserbehälter, gibt mit dem Teleskop Blicke auf den Himmel und die Stadt frei. Nach Terminvereinbarung gibt es sachkundige Erklärungen.

besonderen Reiz«, schwärmt die Künstlerin. »Und Bücherkunst ist definitiv die beste Alternative zur Papiertonne.« Etwas Ehrfurcht war allerdings doch zu spüren, als Anka Brüggemann ein von einem Instagram-Fan geschenktes Exemplar von »Luthers Hauspredigt« von 1729 in den Händen hielt. Es war beschädigt, eine Restauration war nicht mehr möglich und so verwertete sie es auf ihre kreative Weise.

Ohrringe, Blumen, Schmetterlinge, Schirmchen, Blumenkränze, Skulpturen und vieles mehr entstehen aus den Seiten und dem Einband. Alles wird verwertet. Spielerisch werden immer wieder neue Ideen entwickelt oder auch Erinnerungen aus der Kindheit aufgegriffen. In fast zwei Jahrzehnten hat die Buchkünstlerin unterschiedliche Techniken erlernt, entwickelt und verfeinert. Historische Techniken, wie das Fälteln aus den 1920er-Jahren, lässt sie wieder aufleben. Ihr Wissen teilt sie in Online-Workshops und bei Kursen vor Ort in Quedlinburg mit Kunst- und Buchbegeisterten aus nah und fern. Ein- oder zweitägige Workshops vor Ort lassen sich mit einem Kurzurlaub in der malerischen Stadt Quedlinburg und im Harz verbinden. Für Verbände oder Unternehmen bietet sie auch maßgeschneiderte Kurse außerhalb an. Alle öffentlichen Termine und erste DIY-Anleitungen sind ihrer Website zu entnehmen. Schritt-für-Schritt-Anleitungen zur Herstellung von Papierobjekten oder Papier-Minis aus alten Büchern und Anregungen für das Ausleben der eigenen Kreativität hat sie in vier Büchern im Haupt Verlag veröffentlicht.

Die einstige BWL-Studentin und Kämmerin kam 2000 aus Brandenburg nach Quedlinburg. Anstatt den sicheren Weg im Dienst der Verwaltung einzuschlagen, hat sich die Selbstständigkeit für sie »so ergeben«. Der Freiraum, die Flexibilität und die Entscheidungsfreiheit wiegen alle Herausforderungen des Künstlerdaseins auf.

Im Quartier 7 unweit des Marktes in Quedlinburg betreibt Anka Brüggemann eine Ladengemeinschaft mit Alla Ricker, die als »Alla Couture« Mode, Taschen und Accessoires entwirft. Sowohl künstlerisch als auch persönlich ergänzen sich die beiden gut und bieten ihren Besuchern ein großes Sortiment zum Stöbern. In dem kleinen Verkaufsraum von »Bookogami« zeigt sich die Vielfalt der Bücherkunst. Zumindest ein Teil, denn für große Objekte und Skulpturen, die Anka Brüggemann u. a. für Ausstellungen fertigt, reicht der Platz nicht aus. Diese werden in einer eigenen Werkstatt ebenfalls in Quedlinburg hergestellt und gelagert. Collagen, Dekoartikel, kleine Figuren und umgestaltete Buchdeckel füllen die Regale des Ladengeschäfts. Anka Brüggemann fertigt, was ihr in den Sinn kommt. Entsprechend variiert das Sortiment stetig. Der kreative Wandel macht für sie den Reiz ihrer Arbeit aus. »Solange man Neues entwickelt, solange macht es Spaß«, bestätigt sie. Wie sie sich inspirieren lässt und neue Ideen findet, klingt aus ihrem Munde auch ganz einfach: »Man muss nur alles Schöne, was man sieht, in Buchseiten denken.«

Buchseiten lassen sich mit verschiedenen Materialien zu ansprechenden Dekoartikeln verwandeln. So werden Bücher auch zum Wandschmuck. Die gefalteten Schmetterlinge sind beliebte Mitbringsel.

Café Froschkönig

Märchenhafter Genuss in Kaffeehausatmosphäre

Ein überraschendes Refugium für Liebhaber gediegener Kaffeehausatmosphäre und des Flairs alter Zeiten hat Andrea Ludwig in Gernrode geschaffen. Vis-à-vis der imposanten romanischen Kirche St. Cyriakus lässt es sich hier wunderbar genießen und verweilen.

Bereits beim Betreten der altehrwürdigen Bürgermeistervilla von 1909 ist die besondere Stimmung zu spüren, die Andrea Ludwig ganz bewusst erhalten will. Fast 100 Jahre nach der Erbauung eröffnete sie 2006 ihr Café im Stil der damaligen Zeit. Geprägt von ihrer Kindheit, als sie bei ihrer Oma aufgewachsen ist, lässt die leidenschaftliche Gastgeberin viele lieb gewonnene Traditionen wieder aufleben. »Passend zu diesem historischen Ort möchte ich meinen Gästen ein unvergessliches Erlebnis bieten«, beschreibt Andrea Ludwig ihr Engagement. Dazu gehören sowohl die Gestaltung der Räume in den Farben des Jugendstils als auch die passende Einrichtung. »Alles muss authentisch sein.« Das ist auch die Kuchenauswahl in der Vitrine. Neben Omas Käsekuchen steht der klassische Frankfurter Kranz, bei Ludwigs noch wie früher als dreieinhalb Kilogramm schwere Ausführung. Guter Bohnenkaffee und 30 verschiedene Teesorten stehen zur Auswahl. Und wie früher kommt hier echte Sahne – oder wahlweise normale Milch – auf den Tisch.

Die studierte Betriebswirtschafterin hatte ursprünglich mit Gastronomie nichts am Hut. Stattdessen sollte sie die Gießerei des Großvaters im nahe gelegenen Harzgerode übernehmen. Als sich dies zerschlagen hatte, arbeitete sie viele Jahre im Kfz-Gebrauchtwagenhandel. »Jetzt habe ich endlich einen typischen Mädchenberuf«, zeigt sich Andrea Ludwig sichtlich erfreut. Abseits der Männerdomäne hat sie sich ein Geschäft aufgebaut, das sie auch noch weit übers Rentenalter hinaus betreiben kann. Mit der Angst vor Langeweile im Rentenalter im Genick sagt sie: »Ich möchte so lange wie möglich das machen, was mir Spaß macht.«

Bereits zehn Jahre vor Eröffnung des Cafés erwarb die Gastgeberin die Villa und zog mit ihrer Familie ein. Andrea Ludwig hatte sich in das Haus verliebt und kurzerhand bei den

CAFÉ FROSCHKÖNIG

Burgstraße 1 • 06485 Quedlinburg OT Gernrode • Tel. 0170/460 22 94
E-Mail: kontakt@cafefroschkoenig.de • cafefroschkoenig.de
Öffnungszeiten: Di–Sa 13.30–17.30 Uhr

AZUL

Andrea Ludwigs Tipp

Die romanische Stiftskirche St. Cyriakus direkt gegenüber unserem Café ist einfach sehenswert. Sie ist ein unverbautes Paradebeispiel für die Zeit der Romanik. Besonders stimmungsvoll sind die Weihnachtskonzerte und das traditionelle Heilige Osterspiel am frühen Morgen des Ostersonntags.

Bewohnern geklingelt, um nach den Besitzverhältnissen zu fragen. Im Nachhinein war dieser Schritt ein echter Glücksgriff. In den heutigen Gasträumen befand sich damals die Wohnung des Altbürgermeisters, der lebenslanges Wohnrecht genoss. Schnell wurden sie alle zu einer Familie, der Bürgermeister und seine Frau zu Oma und Opa. Nach dieser innigen Zeit war es für die Gastgeberin unvorstellbar, die Wohnung an Fremde zu vermieten.

Zunächst sollten die Räume als Praxis angeboten werden, doch es gab keinen Interessenten. Da jedoch öfter Besucher der Kirche nach einem Café fragten, entstand die Idee, selbst eins zu eröffnen. Dabei richtete Andrea Ludwig ihr Angebot genau passend zu den Kulturreisenden aus, die gezielt auf den Spuren der Romanik in Gernrode landen. Die erste Saison war ein Versuch, doch die Nachfrage war so hoch, dass das Café nun bald 20-jähriges Jubiläum feiern kann. »2026 lassen wir es krachen«, zeigt sich die Gastgeberin voller Vorfreude. »Wir planen eine große 1920er-Jahre-Party mit Max-Raabe-Songs, Herren im Frack und Damen im Abendkleid.«

Dass sie Freude an dem hat, was sie tut, ist nicht zu übersehen. Ihre Gäste werden dezent zuvorkommend bedient, stets mit einem Lächeln auf den Lippen der Gastronomin. Bei der Bewirtung werden ihre Kindheitserinnerungen lebendig. Die Oma hatte alle Zeit der Welt und so konnte die Enkelin stets mitmachen, durfte rühren und abschmecken. »Ich brauche keine Rezepte«, berichtet Andrea Ludwig. »Alles, was nötig ist, sehe ich vor dem inneren Auge.« Sie erinnert sich gut an die Aufregung und die Vorfreude bei den Vorbereitungen für ein Familienessen. Eine Stimmung, die sie erfolgreich auch ihren Gästen weitergibt.

Ein seltenes Angebot für Gruppen oder Familienfeiern ab 14 Personen ist die »Gedeckte Kaffeetafel«, eingedeckt wie zu Großmutters Zeiten »mit allem Pipapo und Schnickschnack«. Kristallgläser, das gute Porzellan, Silberbesteck und Spitzendeckchen – authentisch eben. Nach dem Kaffee wird, wie früher üblich, ein selbst gemachter Likör oder eine Bowle gereicht. Dazu kommen auch zwei Bowle-Gefäße der Oma zum Einsatz. Häufig ist von Gästen zu hören, dass sie schon ewig keine Bowle mehr zum Kaffee hatten. Die strahlenden Augen und die Fröhlichkeit ist für Andrea Ludwig die schönste Anerkennung.

Auch wenn Andrea Ludwig längst nicht an Rente denkt, so steht ihre Tochter als potenzielle Nachfolgerin bereit. Drei Ferienwohnungen im Haus, stilecht eingerichtet, bieten eine spannende Mischung aus Alt und Modern. Für diejenigen, die es gern ruhig und naturnah mögen, gehört auch ein Campingplatz in Dankerode zum Angebot. »Über unsere Familie sind wir nun zum Betreiber geworden«, erklärt die umtriebige Geschäftsfrau. Weitere Ferienwohnungen in Quedlinburg sollen folgen. »Wir möchten noch mehr authentische Urlaubserlebnisse ermöglichen.«

Beim Betreten des Cafés begibt man sich auf eine Zeitreise zum Beginn des 20. Jahrhunderts. Kaffeegenuss mit Blick zur Stiftskirche Gernrode. Der Froschkönig ist allgegenwärtig.

Tante Friedas Käsekuchen

Den Klassiker peppt Andrea Ludwig mit griechischem Joghurt und Buttermilch auf

Zutaten für eine Springform mit 26 cm Ø

250 g Butter
1 Tasse Mehl
1 Tasse Zucker
5 Eier
1 Msp. Backpulver
1 kg griechischer Joghurt (10 % Fett)
500 ml Buttermilch
½ Pck. Vanillepuddingpulver
1 Msp. Zitronensäurepulver

Zubereitung

Für den Boden ¼ der Butter zerlassen. 1 Tasse Mehl mit ¼ Tasse Zucker, 1 Ei, der zerlassenen Butter und einer Messerspitze Backpulver mischen. Den Teig flach in der gefetteten Springform verteilen. Die Form mit dem Teig rundum durch Andrücken gut abdichten, den Ofen auf 175 °C vorheizen und dabei den Boden schon etwas vorbacken (20 Minuten), bis er beginnt, sich golden zu färben.

Für das Baiser von 3 Eiern das Eiweiß abtrennen. Die restliche Butter schmelzen, mit dem griechischen Joghurt und der Buttermilch, dem Vanillepuddingpulver, 1 Ei, dem Eigelb und ½ Tasse Zucker in einer großen Schüssel gut verrühren, auf den vorgebackenen Boden geben und 40 Minuten bei 175 °C backen.

Das gut gekühlte Eiweiß in einem hohen Gefäß auf höchster Stufe aufschlagen und später zum Steifen nach und nach ¼ Tasse Zucker zugeben.

TIPP: Zu Beginn eine winzige Menge Zitronensäurepulver zugeben, das erleichtert das Steifschlagen.

Den Käsekuchen nach 40 Minuten aus dem Ofen holen, die Schneemasse auftragen und weitere 15 Minuten fertig backen.

Barbara Kirchner-Babinecz

Malerei als Meditation

Seit mehr als 70 Jahren erschafft Barbara Kirchner-Babinecz mit Pinsel, Bleistift, Kohle und Kreide originale Landschaftsportraits oder abstrakte Werke. Bei einem Besuch in ihrem Atelier in Ballenstedt nimmt die leidenschaftliche Malerin ihre Gäste mit auf eine Reise durch ihr bewegtes Leben.

»Der Mensch ist nur glücklich, wenn er miteinander und füreinander lebt«, macht die rüstige Künstlerin ihren Lebenssinn deutlich. Sie wurde 1938 in Berlin geboren, verbrachte in den Kriegsjahren ihre Kindheit in Ballenstedt und ist nach verschiedenen Stationen in Berlin, Brandenburg und an der Ostsee vor mehr als 20 Jahren in den Harz zurückgekehrt. Im Atelier in einer imposanten Villa unterhalb des Ballenstedter Schlosses ist von ihren rund 700 Bildern eine eindrucksvolle Auswahl zu sehen. Zu jedem Werk gibt es eine Geschichte und so schwelgt Barbara Kirchner-Babinecz bei einem Rundgang in Erinnerungen. Als Landschaftsmalerin zeigt sie vor allem die Umgebung ihrer Heimat. Dazu gehört natürlich auch der malerische Schlosspark Ballenstedts nur wenige Schritte vom Atelier entfernt. Je nach Jahreszeit verändern sich die Blickachsen und bieten immer wieder neue Motive. Das erste Bild nach ihrer Rückkehr in den Harz entstand am Nikolaustag bei minus vier Grad genau an diesem Ort und zeigt den Blick zum Schloss in frostigen Grauschattierungen. »Malerei hält fit«, stellt die Kunstschaffende mit einem Schmunzeln fest. Mit Blick auf die Entstehungszeit eines Gemäldes – »man malt es in einer Stunde und sein Leben lang« – können kreative Momente gerade im winterlichen Harz durchaus abhärtend wirken.

Der Harz, seine Wälder, das malerische Selketal, die Ostsee und Landschaften in Berlin und Brandenburg sind hier in allen Variationen zu entdecken: Ölgemälde, Aquarelle, Zeichnungen, Spritztechniken, Pastelle, Radierungen. Barbara Kirchner-Babinecz beherrscht das Einmaleins der Malerei, denn sie hat es von der

ATELIER KIRCHNER-BABINECZ
Allee 42 a • 06484 Ballenstedt • Tel. 039483/959 47 • atelier-kirchner-babinecz.de
Besuch nach Anmeldung

Pike auf gelernt. »Wer malen möchte, muss sich erst mal die notwendigen Fertigkeiten aneignen«, betont sie und fügt mit Blick auf ihren Werdegang hinzu: »Faulpelzerei gibt es nicht.«

Tatsächlich ist ihre Geschichte beeindruckend und für viele heute kaum vorstellbar. Als Mutter von drei halbwüchsigen Kindern begann sie das Studium Kunstpädagogik und Geschichte an der Humboldt-Universität in Berlin. Aufgrund ihres Könnens wurde ihr angeboten, das erste Jahr zu überspringen. Doch Barbara Kirchner-Babinecz absolvierte das komplette Studium, das sie 1972 erfolgreich mit dem Diplom abschloss. »Ich wollte immer Frau sein, einen Mann und Kinder haben und mich gleichzeitig geistig weiterbilden und meine Leidenschaft ausleben«, berichtet die Malerin. Genau das hat sie umgesetzt und damit offensichtlich auch einen Jungbrunnen für sich erschaffen. »Künstler werden zwar nicht reich«, offenbart sie mit einem Augenzwinkern, »doch dafür sind sie glücklich.« Ihre menschliche und künstlerische Entwicklung wurde zudem durch ihren Meister Otto Niemeyer-Holstein geprägt. Eine Zeit lang durfte sie bei ihm auf der Insel Usedom hospitieren und lernte dort, zu sehen und sich literarisch auszudrücken.

Barbara Kirchner-Babinecz versteht Malerei als Meditation. In ihrem Buch *Heilung und Entfaltung durch Meditatives Malen* beschreibt sie auf einfühlsame Weise den Weg zur Persönlichkeitsentfaltung und Selbstheilung mithilfe von Malerei, Poesie und Kreativität. Bester Lehrmeister dafür war ihr eigenes Leben mit Höhen und Tiefen, mit Krankheit, Tod und

Die Fotos geben einen Eindruck ihres Wirkens, auch wenn Barbara Kirchner-Babinecz mittlerweile neue Räume bezogen hat. Eines ihrer Lieblingsmotive ist das Schloss Ballenstedt. Das Atelier ist wichtige Wirkungsstätte der Malerin.

schier unlösbar erscheinenden Problemen. Indem sie sich mit dem Seelisch-Geistigen der Menschen, mit Spiritualität und Glauben vor allem an sich selbst beschäftigte, hat sie diese Hürden überwunden und ihrem Leben noch mehr Fülle gegeben.

Von dieser Fülle möchte sie etwas weitergeben. »Ich bringe mich ein. Wo Malerei geschätzt und geliebt wird, bin ich dabei«, beschreibt die Künstlerin ihr Schaffen. Immer wieder stellt sie Werke für Ausstellungen zur Verfügung, wie zuletzt im Oberhof Ballenstedt oder im Landtag von Sachsen-Anhalt. Als Kunstpädagogin gibt sie ihr Wissen bei Kursen weiter. Kinder, Jugendliche, Erwachsene und Senioren profitieren von ihrer Erfahrung, ihrer Leidenschaft und ihrer Gastfreundschaft. So werden Gäste erst einmal mit einem Atelier-Tee empfangen, im Sommer auch mit einem Apfel aus dem eigenen Garten. Mit einem geschulten Blick für Details und die wesentlichen Fertigkeiten werden angehende Künstler in die Geheimnisse der verschiedenen Malstile eingeweiht. Wer Interesse hat an Barbara Kirchner-Babinecz' Kunst, ihrem Leben und Wissen, vereinbart einfach einen Besuchstermin in ihrem Atelier mit ihr.

B. Kirchner-Babinecz' Tipp

Neben Schloss und Schlosspark empfehle ich einen Besuch im Oberhof Ballenstedt. Ursprünglich als Rittergut im 15. Jahrhundert entstanden, ist dieses stattliche Anwesen seit 2010 wieder im Privatbesitz. Besuche sind bei Konzerten, Veranstaltungen oder nach Anmeldung möglich.

Norbert Egeling

Lederhandwerk aus Leidenschaft

Im beschaulichen Örtchen Roßla im Südharz hat sich Norbert Egeling 2011 einen lang gehegten Traum verwirklicht: die eigene Lederwerkstatt. Als gelernter Täschner hatte er über Jahrzehnte hinweg einige Hürden zu überwinden, ehe er seiner Berufung gänzlich folgen konnte – zur Freude seiner Kunden.

Der kleine Verkaufs- und Besprechungsraum im Hof seines Hauses lässt schon erahnen, was Besucher in seiner Werkstatt erwartet. Portemonnaies in verschiedenen Größen, Farben und Ausführungen, Handtaschen und Rucksäcke füllen das Regal. Was fehlt, sind Gürtel, Schmuck oder Lederbekleidung. »Schuster, bleib bei deinen Leisten«, zitiert Norbert Egeling den altbekannten Spruch. »Ich bin gelernter Täschner und das ist meine Passion.«

Der 1955 in Harzgerode Geborene war schon immer an Kunst und Handwerk interessiert. Über die Berufsberatung kam er an einen Ausbildungsplatz zum Täschner/Feintäschner in der Lederwarenfabrik in Sangerhausen. Dadurch erhielt er dann auch die Möglichkeit zum Fachhochschulstudium Design in Weißenfels, wo er seine Frau kennenlernte. Als Familienvater verschlug es ihn nach Berlin, wo er bei Feinlederwaren Bernau als Produktionsleiter und später bei den Berliner Lederwaren als technischer Leiter tätig war.

Doch Norbert Egeling juckte es schon immer in den Fingern, etwas Eigenes aufzubauen, und so gründete er zum 1. Mai 1989 seine eigene Lederwerkstatt. Die Nachfrage war groß, bis zum Herbst hatte er schon zwei Mitarbeiter, aber dann kam mit der Wende das vorläufige Aus für seine Lederleidenschaft. Es galt, wie für viele, sich neu zu orientieren. Als Vertriebler für Reinigungsmittel und Werksvertreter für eine chemische Fabrik verdiente er in den Folgejahren seinen Lebensunterhalt. 2003 zog es die Familie aus privaten Gründen zurück in den Harz. Doch bis Mut und Möglichkeit einen Neustart mit der eigenen Lederwerkstatt erlaubten, sollte es noch zehn Jahre dauern.

JALLABUY – SCHÖNES UND NÜTZLICHES AUS LEDER

Kyffhäuser Straße 10 • 06536 Südharz OT Roßla • Tel. 034651/903 26
Mobil: 0173/530 55 59 • E-Mail: jallabuy@web.de • jallabuy.de
Verkaufsraum: Großes Heiliges Kreuz • Hoher Weg 7 • 38640 Goslar
E-Mail: kunsthandwerk-goslar@web.de • kunsthandwerkgoslar.de
Öffnungszeiten: Mi–Sa 11–17 Uhr

1
2

2011 im Israel-Urlaub entstand dann gemeinsam mit einer Freundin die Idee für »Jallabuy – Schönes und Nützliches aus Leder«. Der arabische Ausdruck »jalla« steht für »schnell« und das englische »buy« für kaufen. Die Idee, Leder und Fotografie zu kombinieren, hat zwar keine Früchte getragen, doch »Jallabuy« ist als Name für Norbert Egelings Werkstatt geblieben.

Bis auf eine Nähmaschine hatte der Täschner keine Maschinen mehr zur Verfügung. Über den Nachlass eines Arbeitskollegen konnte er jedoch Schärf- und Nähmaschinen übernehmen. Alle weiteren notwendigen Anlagen erwarb er über die Firma Herkner in Hohenmölsen, die sich auf das Instandsetzen alter Maschinen spezialisierte. Einen Namen machte sich Norbert Egeling durch eine Vielzahl von Kunsthandwerkermärkten, die er bis 2019 sehr intensiv besuchte. Da sein Handwerk immer seltener wird, war die Nachfrage schnell groß. So auch in Goslar, wo er mittlerweile im ehemaligen Hospiz Großes Heiliges Kreuz eine Kammer mit seinen vielseitigen Lederwaren bestückt.

Während andere sich auf den Ruhestand vorbereiten, hat der Lederliebhaber mit 65 Jahren seine Werkstatt noch erweitert. Im eigens erschaffenen Anbau erstreckt sich diese nun über zwei Etagen. Erst mal die steile Treppe erklommen, wird jedes Handarbeitsherz Purzelbäume schlagen. Der Raum ist gefüllt mit Nähmaschinen, Nähgarn, Stoffen, Lederballen und unzähligen Schubfächern mit Beschlägen, Nieten, Reißverschlüssen und mehr. »Ich liebe es, wenn Menschen mit ihren

Handtaschen in unterschiedlichsten Ausführungen und praktische Accessoires fertigt Norbert Egeling. Seine Portemonnaies sind schick, langlebig und funktional. Garne, Stoffe, Lederballen, allerlei Beschläge und Maschinen füllen die Werkstatt.

eigenen Vorstellungen zu mir kommen«, erklärt Norbert Egeling die riesige Auswahl. »Ganz individuell stellen wir hier ihre Traumtasche zusammen.« Material, Schnitt, Farben und die besonderen Details können vor Ort nach persönlichem Geschmack ausgesucht werden. Wer mag, meldet seine Wünsche rechtzeitig an, bucht für ein paar Tage ein Zimmer in der angeschlossenen Pension oder das Ferienhaus nebenan und nimmt sein Unikat als Urlaubsandenken mit nach Hause. Auch Nachbauten von Erbstücken übernimmt der leidenschaftliche Handwerker gern.

Seit 2021 besteht eine Kooperation mit der »Krakelei«, dem kleinen Unternehmen der in Italien lebenden Tochter der Familie Egeling. Unter dem Projektnamen »Machstemich« entstehen Rucksäcke, Stifttaschen und Notizbücher, die aus Stoff und Leder bestehen. Pflanzengefärbte Baumwolle, Qualitätswolle oder Seide, teils mit Siebdruck verziert, handgemacht in Italien, wird mit Leder aus Deutschland zu schönen, praktischen und langlebigen Wegbegleitern verarbeitet. Einen Besuch bei der Tochter nutzt Vater Norbert, um Beschläge für seine Taschen aus Florenz mitzubringen.

»Die Leder beziehe ich von Gerbereien in Hannover und Frankfurt«, betont der Täschner. »Dort werden keine Giftstoffe eingesetzt und die Qualität passt.« Denn Nachhaltigkeit ist für ihn sehr wichtig. Ebenso wie eine bodenständige Haltung. »Wenn meine Kunden glücklich sind, habe ich alles erreicht, was ich erreichen wollte«, beschreibt er seine Philosophie, erlebbar in seiner Werkstatt.

Norbert Egelings Tipp

Der Bauerngraben am Karstwanderweg ist ein Naturphänomen, ein sogenannter episodischer See. In meiner Kindheit hat der See von heute auf morgen sein Wasser verloren. Ein Spaziergang zu diesem idyllischen Ort ist Erholung pur.

Kaffeemühle Hamma

Glücksort für Kaffeeliebhaber

Am Rande des 200-Seelen-Dorfes Hamma südlich von Nordhausen, idyllisch mitten im Wald gelegen, hat Familie Oeller-Gerboth ein Kleinod für Kaffeeliebhaber geschaffen. Mit viel Hingabe haben sie dem malerischen, denkmalgeschützten Mühlengebäude eine Zukunft gegeben.

Dass das Architekten-Ehepaar Oeller-Gerboth nunmehr seit 2008 Betreiber eines hübschen Cafés im Nirgendwo des südlichen Harzvorlandes sind, ist dem Zufall geschuldet. Und etwas Schönmalerei. »Wenn man etwas wirklich will, muss man es sich schön sehen«, sagt Annette Oeller-Gerboth lachend. »Da waren wir nicht besser als manch einer unserer Bauherren.«

Die historische Wassermühle von 1790 war beiden noch von früher bekannt. Jürgen Gerboth stammt aus einem Nachbarort und kennt die Mühle aus Kindheitszeiten. Als Annette Oeller-Gerboth und ihr Mann vor Jahren bei der Sanierung des Dorfgemeinschaftshauses in Hamma involviert waren, fragte die Mühle an. Ob das Objekt, das zuvor viele Jahrzehnte einer Ärztefamilie aus Erfurt als Ferienhaus diente, lohnend wäre, zu kaufen. Zu diesem Zeitpunkt hatte die Architektin noch abgeraten. »Kurze Zeit später bin ich dann selbst dem morbiden Charme der Mühle verfallen«, gesteht die heutige Gastgeberin mit einem leichten Kopfschütteln. Beim Besuch an einem 1. Mai bei Vogelgezwitscher und frischem Grün hat sich das Paar für den Erwerb entschieden. »Wir haben es uns schön geguckt.« Ein Umbaukonzept und die Nutzung als Café hatten die beiden sofort im Kopf.

Zeit, genauer über das Vorhaben nachzudenken, blieb allerdings nicht. Denn um über das LEADER-Förderprogramm Unterstützung zu erhalten, war Eile geboten. Innerhalb von nur sieben Monaten wurden tonnenweise Lehm abgebrochen, unzählige Bretter gestrichen, das marode Fachwerk ausgetauscht und ein Kellergeschoss ergänzt. Annette Oeller-Gerboth, die schon immer die Idee eines eigenen Cafés hegte, schuf mit ihrem Mann einen wunderschönen Rückzugsort im idyllischen Harzvorland für sich und ihre Gäste.

KAFFEEMÜHLE HAMMA
Hauptstraße 27 • 99765 Hamma • Tel. 036333/73 53 73
E-Mail: oeller@architekt-gerboth.de • kaffeemuehle-hamma.de
Öffnungszeiten: Sa und So 14–18 Uhr (Nov–Feb nur So)

A. Oeller-Gerboths Tipp

In Worbis im Eichsfeld südlich des Harzes gibt es eine wunderbare Whisky-Destillerie. In der hochmittelalterlichen Burg Scharfenstein wurde ein Whisky-Erlebniszentrum mit Hotel errichtet. Ein tolles Ausflugsziel insbesondere für Whisky-Liebhaber. Besonders empfehlenswert sind die Whisky-Wanderungen.

Der gemütliche Gastraum mit offenem Fachwerk, mit Sofaecken und farbenfrohen Bildern des Nordhäuser Künstlers Jürgen Rennebach ist einladend. In der kleinen Stube nebenan wird im Winter der Kachelofen eingeheizt. Mit Blick ins Grüne lässt es sich hier abschalten. Wer die Ruhe noch intensiver erleben möchte, kann sich in eine der Ferienwohnungen oder im Gästezimmer des Hauses einmieten. In den Sommermonaten ist die schattige Caféterrasse ein schöner Ort inmitten der Natur. Für einen Besuch sollte man allerdings noch recht gut zu Fuß sein. Treppen am Eingang oder zu den Toiletten waren nicht zu vermeiden. »So ein Haus muss man nehmen, wie es ist, und was draus machen«, erklärt die Architektin den Charakter des historischen Gebäudes. »Wir haben versucht, zu nutzen, was da war.« Ein altes Sofa wurde neu aufgepolstert, das Vertiko restauriert und die alten Steine des Fachwerks wurden in Steinkörben als dekorative Elemente wiederverwertet. »Es ist nachhaltiger, ein bestehendes Gebäude zu nutzen, als das Baumaterial zu recyclen«, betont Annette Oeller-Gerboth.

Am Wochenende wechselt die Architektin ihre Rolle und wird zur Gastgeberin. »Das Café ist Spaß am Wochenende«, berichtet sie lachend. »Wir brauchen uns keine Gedanken mehr zu machen, wie wir unseren Sonntag verbringen.« Gemeinsam mit einer Mitarbeiterin sorgt sie sich um das Wohl ihrer Gäste. Das sind in den Sommermonaten vor allem Radfahrer oder Wanderer, die unter anderem dem Kaiserweg folgen. Dieser führt am Ortsrand von Hamma entlang zur knapp 20 Kilometer entfernten Königspfalz Tilleda. Beglückt werden die Gäste unter anderem mit »Hausfrauen-Kuchen«, wie die Wirtin ihn selbst bezeichnet. Mit Liebe gebacken und stets mit einem glutenfreien Kuchen im Sortiment. Für Kaffeeliebhaber hat die Kaffeemühle, passend zum Namen, ein besonderes Angebot. Aus drei verschiedenen Kaffeesorten, überwiegend von kleinen Röstereien bezogen, kann ganz nach Geschmack gewählt werden. Der frisch per Hand gemahlene Kaffee wird als Kännchen in einer French Press serviert. So kann jeder Gast ganz nach seinen individuellen Vorlieben die Stärke seines Kaffees selbst bestimmen. Für Familienfeiern können auch kalt-warme Büfetts geordert werden.

Auf die Frage, ob sie die Sanierung eines historischen, denkmalgeschützten Gebäudes noch einmal angehen würde, kommt ein klares Ja. »Es juckt mich in den Fingern, wenn ich alte Gebäude sehe«, räumt die Architektin ein. »Doch mit diesem Objekt haben wir schon alle Hände voll zu tun.« Am alten Gemäuer ist immer wieder etwas auszubessern und manchmal erfordert die Nachfrage auch Erweiterungen des Sortiments. Mit Blick auf ihr begrenztes Angebot, das vor allem an den schönen Tagen des Jahres kaum ausreicht, sagt sie: »Es wäre schön, wenn sich noch jemand ein Herz fassen und in der Gegend ein weiteres Café aufmachen würde.« Der Bedarf wäre da.

Die Gaststube in dem historischen Fachwerkhaus ist urgemütlich. Kaffeemühlen in verschiedensten Ausführungen gehören natürlich zur Ausstattung. Im Sommer bietet der idyllische Kaffeegarten ein schattiges Plätzchen.

Mühlentorte

Sahnig-knuspriger Genuss am Wochenende

Zutaten
400 g Mehl
1 Msp. Backpulver
4 Pck. Vanillinzucker
1 Prise Salz
150 g stichfeste saure Sahne
275 g Butter
90 g Zucker
½ TL Zimt
450 g Pflaumenmus
750 g Schlagsahne
3 Pck. Sahnesteif
1 TL Puderzucker
Fett für die Form

Zubereitung
250 g Mehl, Backpulver, 2 Päckchen Vanillinzucker, Salz, saure Sahne und 175 g Butter in einer Schüssel verkneten. Teig in Frischhaltefolie wickeln und kühl stellen.

150 g Mehl, 75 g Zucker, 1 Päckchen Vanillinzucker, Zimt und 100 g kalte Butter in kleinen Würfeln mit den Händen zu einem krümeligen Teig (Streusel) verkneten.

Den Knetteig und den Streuselteig dritteln.

Einen Knetteig auf einem gefetteten Springformboden ausrollen. Darauf achten, dass der Teigboden am Rand nicht zu dünn ist, und ihn mehrmals einstechen. Mit ⅓ der Streusel bestreuen. Im vorgeheizten Backofen bei 200 °C 15–20 Minuten backen. Vom Formboden lösen und auskühlen lassen.

Aus dem restlichem Teig und den Streuseln zwei weitere Böden backen. Einen der Böden noch heiß in zwölf Tortenstücke schneiden.

Die beiden ganzen Böden mit Pflaumenmus bestreichen.

Schlagsahne, 15 g Zucker, 1 Päckchen Vanillinzucker und Sahnesteif steif schlagen. In einen Spritzbeutel mit Sterntülle füllen. An den Rand der beiden ganzen Böden je zwölf dicke Sahnetuffs spritzen. Restliche Sahne in die Mitte der Böden spritzen. Böden aufeinandersetzen und die bereits vorgeschnittenen Tortenbodenstücke schräg auf die Sahnetuffs legen.

Etwa 1 Stunde kühl stellen. Mit Puderzucker bestäuben.

Waffel
WUNDER

WaffelWunder

Waffeln aus Leidenschaft

Besondere Waffel-Kreationen, Crêpes und Pancakes, süß und herzhaft, werden im WaffelWunder in Nordhausen mit Liebe serviert. Mutig und ideenreich sorgt Inhaberin Geli mit ihrem Team für besondere Geschmackserlebnisse.

Als Angelika Wilke-Schatz – kurz Geli – 2014 noch als Angestellte eines Bekannten das WaffelWunder mit aufbaute, ahnte sie nicht, dass es nur wenige Jahre später ihr eigener Laden sein würde. Die alleinerziehende Mutter und gelernte Restaurantfachfrau hatte stets gehörigen Respekt vor der Selbstständigkeit. Doch als 2017 der Vermieter anrief und ihr mitteilte, dass ihr »Baby« einen neuen Betreiber sucht, musste sie sich auf das Abenteuer einlassen. Zuvor war sie zwei Jahre anderweitig tätig gewesen. Sie eröffnete am 23. Oktober 2017 ihr WaffelWunder in Nordhausen. »Ohne diesen Anruf hätte ich den Schritt nie gewagt«, gesteht sie. Mit dieser Entscheidung konnte sie sich auch ein eigenes Versprechen erfüllen: Als sie auf einem Jahrmarkt einen ziemlich ungenießbaren Crêpe mit Würzfleisch aß, war für sie klar: »Wenn ich mal was Eigenes mache, dann definitiv etwas Besseres als dieses Geschmacksdesaster.«

Die Einrichtung des kleinen Cafés lässt eher eine Bar vermuten. In hellen Grautönen mit schwarzem Mobiliar und großen Schwarz-Weiß-Porträts von Audrey Hepburn und Marilyn Monroe hat Geli ihren persönlichen Stil eingebracht. Das große Schaufenster gibt den Blick frei auf die belebte Rautenstraße und die Tische im Außenbereich. Farbtupfer sind echte Blumen, die jeden Tisch zieren. Im Service wird Geli von einer gleichermaßen herzlichen und aufgeweckten Auszubildenden unterstützt. Zwei Küchenhilfen und zwei Abwäscher sorgen hinter den Kulissen für einen reibungslosen Ablauf.

Gerade in der Anfangszeit beschlich die leidenschaftliche Gastgeberin immer wieder die Sorge, was wohl die Kunden denken könnten. Denn das WaffelWunder ist ein Privatunternehmen, keiner Kette angehörend. Wenn auch Geli alles für ihre Gäste tut, hat jedoch ihre Tochter stets oberste Priorität. »Wenn es

WAFFELWUNDER
Rautenstraße 7 • 99734 Nordhausen • Tel. 03631/4708355
E-Mail: geli.wilke@googlemail.com • waffel-wunder.de
Öffnungszeiten: Di –Fr 9.30–18 Uhr, Sa 13–18 Uhr

nicht anders geht, muss ich auch mal früher schließen«, erklärt sie. »Doch glücklicherweise haben meine Kunden dafür Verständnis.« Tatsächlich hat sich zu vielen Stammkunden schon ein nahezu freundschaftliches Verhältnis entwickelt. Nordhausen ist eine kleine Stadt, man kennt sich, und das WaffelWunder ist zum Treffpunkt für Jung und Alt geworden. Und für einen prominenten Gast. »Peter Maffay war schon sechsmal bei uns«, freut sich Geli. »Er ist supersympathisch und hat immer auch ein freundliches Wort für seine Fans.« Seine Frau hat in Nordhausen das Lehramtsreferendariat absolviert und ist eine Bekannte von Geli. »Und plötzlich stand Peter Maffay in der Tür«, berichtet sie nach wie vor erstaunt von der ersten Begegnung. Für welche Waffelkreationen entscheiden sich die Maffays? Der Klassiker mit Erdbeeren und Vanilleeis ist ihr Favorit, verrät Geli. Sie selbst liebt den italienischen Crêpe und die Schweden-Waffel.

Während die Favoriten noch eher nach einem klassischen Angebot klingen, so verrät ein Blick in die Speisekarte, dass Geli es durchaus außergewöhnlich liebt. Bärlauchwaffel mit Schinkenspeck oder Kartoffel-Rote-Bete-Waffel mit Königsberger Klopsen sind nur zwei Beispiele der originellen Kreationen. Natürlich steht auch der Würzfleisch-Crêpe zur Auswahl. Besucher dürfen sich immer wieder auf Gelis Ideenreichtum freuen und sich auf neue Geschmackserlebnisse einlassen. Doch das war nicht immer so. »Ich hatte zwar schon immer wilde Ideen im Kopf«, berichtet die Gastgeberin. »Dass ich mich jedoch traue, sie auf den

Das WaffelWunder macht seinem Namen alle Ehre.
Auch die kreativ-herzhaft belegten Waffeln sind eine Gaumenfreude. Modern und einladend zeigt sich das Café und begeistert sogar Peter Maffay.

Teller zu bringen, verdanke ich Frank Rosin.« 2020, zwischen den Corona-Lockdowns, war der Sternekoch mit seinem Team von »Rosins Restaurants« in Nordhausen und hat das WaffelWunder auf den Kopf gestellt. Der etwas überladen wirkende Gastraum wurde neu gestaltet und strahlt nun Frische und Leichtigkeit aus. Frank Rosin bestärkte Geli, ihrer Kreativität freien Lauf zu lassen, was zu 5 Sternen der Testesser und zur heutigen Vielfalt und Abwechslung führte. Rezepte? Fehlanzeige. »Ich koche frei nach Nase«, erzählt die engagierte Wirtin lachend. Sie selbst hat zehn Jahre in einer Pizzeria gearbeitet. »Was auf einer Pizza schmeckt, kann auch auf einer Waffel serviert werden.«

Die Sorge, dass durch die Veränderungen Gäste wegbleiben könnten, hat sich schnell aufgelöst. Ihre »Stammgast-Omis« sind nach wie vor regelmäßig da und begeistert. Die Neuerungen werden positiv anerkannt. »Jetzt ist es wirklich meins«, betont Geli mit einem Lächeln. Ihre Freude an ihrem Geschäft ist spürbar. Und so könnte man meinen, dass der Spruch auf der Toilette speziell für sie und ihre Gäste verfasst wurde: »Warte nicht auf den perfekten Moment. Nimm den Moment und mache ihn perfekt.« Also auf und den perfekten Moment im Waffelwunder genießen!

A. Wilke-Schatz' Tipp

Die Petersberggärten, nur knapp zehn Minuten von uns entfernt, sind ein toller Bürgerpark. Entstanden nach der Landesgartenschau 2004 ist es ein wunderschöner Platz zum Erholen. Und für die Kids gibt es einen Kletterturm, einen Spielplatz und einiges mehr.

Pancakes mit Erdbeeren oder Topping nach Wahl

Die frischen Pancakes begeistern Groß und Klein

Zutaten für ca. 15 Stück
300 g Mehl
30 g Zucker
1 Pck. Vanillezucker
1 Msp. Backpulver
4 Eier
ca. 350 ml Milch
etwas Öl
frische Erdbeeren
Schokosoße
Puderzucker

Zubereitung
Zuerst die trockenen Zutaten miteinander vermischen. Eventuell Mehl und Backpulver sieben, um einen noch feineren Teig zu bekommen.

Dann Eier und Milch unterrühren. Milch nur so viel, dass ein luftig-lockerer, glatter Teig entsteht. Das Öl in der Pfanne erhitzen. Etwa 2 EL Teig je Pancake in die Pfanne geben und in wenigen Minuten von beiden Seiten goldgelb braten.

Die warmen Pancakes nach Belieben mit frischen Erdbeeren, Schokosoße und Puderzucker garnieren. Dazu schmeckt auch anderes Obst, wie Himbeeren oder Bananen. Der Klassiker Ahornsirup sollte ebenfalls nicht fehlen.

Waffel
WUNDER

Schnitzwurm

Fantasie in Holz

Im Örtchen Neuhof, einem Ortsteil von Bad Sachsa im Südharz, staunen Passanten nicht schlecht: Direkt an der Hauptstraße ziehen hölzerne Skulpturen die Blicke auf sich. Blickfänge wie ein Wolf, ein Biber, eine Eule und aufwendig gestaltete Bänke weisen den Weg zum Schnitzwurm.

»Durch und durch Künstler«, so bezeichnen sie sich selbst. Merlin Freitag betreibt die Holzschnitzkunst als Nebenerwerb und wird von seiner Mutter Petra und Freund Jochen Probst kreativ unterstützt. Gemeinsam fertigen sie Holzskulpturen, Schnitzereien und Möbel ganz nach Wunsch an. Der Fantasie sind dabei keine Grenzen gesetzt. Und auch die Größen sind dabei nahezu frei wählbar. Von der handlichen Eule für das Bücherregal bis zum monumentalen, vier Meter hohen Wikinger. Vom Gartenstuhl bis zur 40 Meter langen Bank. Die drei Kreativen lieben die Herausforderung. Ihr Ziel ist es, die individuellen Wünsche aus dem Holz herauszuarbeiten. Der Fantasie ein Gesicht zu geben. Im Hof von Jochen Probst wurde eine Garage zum Ausstellungs- und Verkaufsraum umgewandelt. Ist jemand zu Hause, kann auch gestöbert werden. Viele Urlauber haben hier schon spontan ein einzigartiges Souvenir ergattert. Denn jedes der Werke ist ein Unikat und aus Liebe zum Holz entstanden.

Petra Freitag, gelernte Tischlerin, ist durch einen günstigen »Zufall« bereits vor mehr als zehn Jahren zum Schnitzen gekommen. Bei einer Motorradtour ist sie bei einem Schnitzer vorbeigekommen und hat sich spontan zum Schnitzkurs angemeldet. Erstmals eine Kettensäge in der Hand, hat sie gleich richtig losgelegt und einen Pinguin aus dem Holz befreit. »Pilze waren mir zu langweilig«, gesteht sie lachend. Ihren Sohn konnte sie schnell mit der Leidenschaft für das lebendige Naturprodukt Holz anstecken. Beim Schnitzwurm kümmert er sich um das Organisatorische, rückt Stämme, besorgt Holz, erledigt Papierkram und ist zuständig für die notwendige Technik.

Als ehemaliger Konstruktionsleiter im Maschinenbau bringt der heutige Rentner Jochen Probst seine Ideen und Fertigkeiten mit ein. Schon in seiner Kindheit war Holz sein Hobby.

SCHNITZWURM
Ausstellung: Lange Straße 42 • 37441 Bad Sachsa OT Neuhof • Tel. 0160/96258785
E-Mail: kontakt@schnitzwurm.de • schnitzwurm.de
Termine auf Anfrage (auch spontan)

Jochen Probsts Tipps

Die Köhlerhütte in Neuhof ist schon von außen sehenswert. Zu bestimmten Terminen finden hier auch Veranstaltungen statt. Im Backhaus nebenan wird einmal im Monat im Holzofen gebacken. Eine Anmeldung ist allerdings erforderlich, um ein leckeres Brot zu bekommen.

Als Autodidakt hat er jahrelang Fenster, Tische und Schränke gebaut und sich eine kleine Werkstatt eingerichtet. Zum Schnitzen kam er durch Zufall. Mit einem Bekannten kam es beim Bau der Köhlerhütte in Neuhof zu einem Gespräch über Holzgestaltung. Der Bekannte meinte, er würde jemanden kennen und vermittelte so den Kontakt zu Petra Freitag. Bei ihr lernte der rüstige Rentner das Schnitzhandwerk. Sein Erstlingswerk war eine Wikinger-Rosette.

»Immer für sich allein werkeln, ist blöd«, stellt Jochen Probst fest. »Petra hatte die Idee, wir könnten doch mehr gemeinsam machen.« So haben die beiden aus Spaß an der Freude vielerlei Kunstwerke und die kleine Ausstellung geschaffen. Mit ihrer Kunst unterstützen sie nun Merlin Freitag bei der Realisierung des Schnitzwurms. »Wir können ständig etwas Neues ausprobieren und unsere Leidenschaft leben«, erklärt Petra Freitag begeistert. »Und Merlin hat dadurch ein zweites Standbein und einen Ausgleich zu seinem Job in der Industrie.« Eine Win-win-Situation auch und vor allem für alle Liebhaber von Holz- und Schnitzkunst. Denn sie haben mit dem Schnitzwurm einen Anbieter, der ganz individuelle Wünsche in Holz umsetzt. Anhand von Fotos oder Skizzen werden Porträts des Lieblingstieres, Fabelwesen, Sitzmöbel und Dekoartikel gestaltet. Nebenbei drechselt Jochen Probst auch. Seine ursprünglich als Krippenfiguren gedachten Männchen sind mittlerweile die für den Harz so typischen Bergleute. Und Zwerge dürfen natürlich auch nicht fehlen. Zumal es am nahe gelegenen Sachsenstein, einem markanten Gipsfelsen und schönen Wanderziel, auch die Zwergenlöcher gibt. Diese kuriosen Naturerscheinungen muten an wie die Behausung von Zwergen.

Gemeinsam haben Petra Freitag und Jochen Probst einen Traum des Rentners erfüllt: eine Küche im Wikinger-Stil. Ein wuchtiger Holztisch mit Wikinger-Motiven, ein Waschtisch mit Natursteinbecken und eine Eckbank aus Massivholz erfüllen den Raum mit einer besonderen Atmosphäre. Dabei ist die Aufgabenteilung stets klar. »Ich bin das Ungerade und Jochen das Gerade«, bringt es die Tischlerin knapp auf den Punkt. Während Petra Freitag die groben Schnitzereien fertigt, kümmert sich Jochen Probst akribisch um die Feinarbeiten, ums Aushobeln und Bemalen. Er erklärt: »Ich sorge dafür, dass der Tisch nicht wackelt, und Petra, dass er hübsch anzusehen ist.« Seit mehr als vier Jahren kreiert das Künstlerduo nun schon zusammen. Ihre Freude am Tun und ihre Faszination für das Element Holz sind spürbar und ansteckend. Damit die Freude am Kunstwerk lange anhält, ist allerdings auch regelmäßig Hand anzulegen. »Holz lebt«, betont Jochen Probst. »Wie unsere Haut auch, braucht es Pflege, um nicht zu schnell zu altern.« Aus Respekt vor der Natur verwenden sie nur Farben und Lacke auf Wasserbasis. Pflegetipps und manchmal eine Dose Lasur geben die beiden mit. Wie ihr Holz will das Trio noch lange leben und kreativ gestalten.

In der kleinen Ausstellung sind Schnitz- und Drechslerarbeiten zu finden. Die Brockenhexe grüßt im Hof die Gäste. Kühe, Pferde, Adler, Wölfe – die geschnitzte Tierfamilie ist groß.

Ländliche Kaffeestuben

Kuchen, Torten, Lieblingsstücke

Im südlichen Harzvorland, unweit des beliebten Kurorts Bad Sachsa, hat sich im thüringischen Limlingerode seit 1999 eine Adresse für Liebhaber guten Kuchens und der Gemütlichkeit etabliert. Die Ländlichen Kaffeestuben werden engagiert von der jungen Gastgeberin Marie-Theres Wedler betrieben.

Eigentlich ist sie gelernte Erzieherin, doch wie so oft kommt es im Leben anders als gedacht. Obwohl sie Freude an der Tätigkeit hatte, war ihr schnell klar, dass ihre berufliche Zukunft anderswo liegen würde. Das Wagnis einer Selbstständigkeit in der Gastronomie, und das auch noch in ihrem Heimatort Limlingerode, mutete anfangs doch eher wie eine Schnapsidee an. Doch mit Unterstützung ihrer Familie wurde die Idee Wirklichkeit.

Die Ländlichen Kaffeestuben wurden seinerzeit von einer Hoteliers-Familie aus Bad Lauterberg gegründet. Diese richtete in dem rund 250 Jahre alten Bauernhaus im Fachwerkstil kleine Stübchen ein, die bis heute den Rahmen für eine gemütliche Tee- oder Kaffeezeit bilden. Nach und nach wurde das Café erweitert. Heute werden die Gäste in vier verschiedenen Stuben empfangen – gemütlich ländlich und in verschiedenen Farben eingerichtet, teils mit Kachelofen, Sofaecke und großem Wintergarten. Dazu kommt der Innenhof, der im Sommer mit seiner üppigen Blumenpracht einen lauschigen Rückzugsort bildet. Als die Gründerfamilie 2016 aus Altersgründen ihr Geschäft verkaufen wollte, erreichte diese Information natürlich auch die gebürtige Limlingeröderin. »Ich habe als Kind schon immer am Fenster beobachtet, wenn die Gäste zu den Kaffeestuben gefahren sind«, erzählt Marie-Theres Wedler. »Als ich gehört habe, dass ein Nachfolger gesucht wird, musste ich zunächst die Finanzierung klären.« Die Gespräche waren erfolgreich, sodass die damals 26-Jährige am 1. Februar 2016 erstmals ihr eigenes Café aufschloss.

Bereits ab morgens um 7 Uhr steht die Gastgeberin gemeinsam mit ihrer Mutter in der Backstube. Ob Eierlikörtorte, Schwedische Apfeltorte, Brockentorte, Käsekuchen oder Streuselkuchen mit Obst der Saison – im

LÄNDLICHE KAFFEESTUBEN
Hintergasse 57 • 99755 Hohenstein OT Limlingerode • Tel. 036336/57777
E-Mail: info@laendliche-kaffeestuben.de • laendliche-kaffeestuben.de
Öffnungszeiten: Di–So 14–18 Uhr

Marie-T. Wedlers Tipp

Nach Feierabend genieße ich einen Spaziergang um den Schmelzteich in Bad Sachsa. Nur zehn Minuten von Limlingerode entfernt, finde ich dort Ruhe und Kraft. Wunderschön sind die acht Bänke auf dem RoLigio-Pfad, die mit ihrer Optik und den sinnhaften Sprüchen dazu einladen, einfach glücklich zu sein.

Internet können sich ihre Gäste schon vor einem Besuch Appetit holen. Vor Ort wird aus einer bebilderten Speisekarte ausgewählt. Bestseller ist die Stachelbeer-Baiser-Torte, während die Stachelbeer-Mohn-Marzipan-Torte der Liebling von Marie-Theres Wedler ist. Bis 12 Uhr herrscht ordentlich Trubel in der Küche. Nach einer eineinhalbstündigen Mittagspause wird sich dann gemeinsam mit den Mitarbeiterinnen und der Familie auf den Nachmittag eingestimmt. Wenn um 14 Uhr die Tür geöffnet wird, stehen meist bereits die ersten Gäste davor. Insbesondere im Herbst und in der Weihnachtszeit, wenn die Menschen sich nach Gemütlichkeit sehnen, ist eine Tischreservierung dringend empfohlen.

Bereits die Gründerfamilie hatte den Kaffeegenuss mit einer kleinen Geschenkeauswahl kombiniert. Der damalige kleine Laden im Innenhof wurde mittlerweile zur »Guten Stube« umfunktioniert. Hier finden bis zu 40 Personen Platz, um in gemütlicher Runde ganz unter sich zu sein. Für Taufen, runde Geburtstage, Hochzeiten oder auch Trauerfeiern bietet der Raum eine familiäre, einladende Atmosphäre.

Der Geschenkeladen ist in die benachbarte Scheune umgezogen. Der große, rustikale Raum bietet viel Platz für Schönes. Tischdecken, Geschirr, Vasen, Gestecke, Einrichtungsgegenstände und viele Accessoires werden liebevoll dekoriert präsentiert. Hier lässt es sich ausgiebig stöbern und für jeden Geschmack das passende Geschenk finden. Saisonal wechselt die Ausstellung. Ab Oktober beginnt in der Antikscheune die Weihnachtszeit. Marie-Theres Wedler wählt gemeinsam mit ihrer Mutter die angebotenen Artikel aus. »Wir lieben alles Schöne, das für Gemütlichkeit sorgt«, erklärt sie. »In der Antikscheune haben wir die Möglichkeit, unseren Gästen Lieblingsstücke zum Mitnehmen anzubieten.«

Ihre Heimatverbundenheit drückt die Gastgeberin auch aus, indem sie möglichst regionale Lieferanten als Partner gewinnt. Ihre Eier bezieht sie von der Ziegenalm im gut 30 Kilometer entfernten Sophienhof im Harz. Das Mehl wird von der Bodemühle im nahe gelegenen Bischofferode geliefert. Für Liebhaber herzhafter Kost gibt es den Bauernteller mit Schinken und Eichsfelder Stracke von Munds Mühle bei Nordhausen. Für die Eisbecher der Ländlichen Kaffeestuben wurde das Eiscafé Verona in Nordhausen als Lieferant auserkoren.

Für Marie-Theres Wedler hat sich mit den Ländlichen Kaffeestuben ein Traum erfüllt. Auch wenn eine Selbstständigkeit in der Gastronomie durchaus anspruchsvoll ist, so möchte sie daran nichts mehr ändern. »Der Umgang mit Menschen liegt mir und bereitet mir Freude«, betont sie. Ihr Engagement wurde schon mehrfach ausgezeichnet: mit dem Thüringer Tourismuspreis 2017, dem bundesweiten »KfW Award Gründen« 2018, einem Marketing-Award; und das Café zählt laut *Feinschmecker* zu den besten Cafés und Röstereien in Deutschland 2022. Doch das größte Lob für die Gastgeberin ist die Zufriedenheit ihrer Gäste.

Mehrere kleine Stuben laden zu gemütlichen Kaffeestunden ein. Der Feinschmecker hat das Café 2022 ausgezeichnet. Liebevolle Dekoration ist nicht nur im Café zu finden, sondern in der angrenzenden Dekoscheune auch zu erwerben.

Stachelbeer-Mohn-Marzipan-Torte

Der Lieblingskuchen der Gastgeberin

Zutaten

Für den Biskuit
6 Eier
200 g Zucker
200 g Mehl
1 TL Backpulver
½ Tasse Mohn

Für die Füllung
etwas Eierlikör
1 Glas Stachelbeeren
1 Pck. Vanillepuddingpulver
1 EL Zucker
ca. 600 g Sahne
400 g Marzipan
Puderzucker

Zubereitung

Für den Biskuit die Eier zum hellen Schaum aufschlagen. Zucker einrieseln lassen. Mehl, Backpulver und Mohn mischen. Mit dem Schneebesen unter die Eimasse rühren. Bei 175 °C Umluft den Teig 35 Minuten backen.

Den ausgekühlten Biskuitboden zweimal horizontal durchschneiden, sodass drei Böden entstehen. Auf den unteren Boden etwas Eierlikör streichen.

Den Saft der Stachelbeeren auffangen und mit Puddingpulver und Zucker andicken. Die Masse auf den Boden streichen und auskühlen lassen.

In der Zwischenzeit die Sahne mit etwas Zucker steif schlagen. Einen Teil der Sahne auf der Stachelbeermasse verteilen und den zweiten Boden auflegen. Bis auf etwas Sahne für den Rand wird die restliche Sahne auf dem mittleren Boden verteilt, dann wird der dritte Boden aufgelegt. Die Torte rundherum dünn mit Sahne einstreichen.

Das Marzipan mit reichlich Puderzucker ausrollen und die Torte damit ummanteln. Nach Belieben mit Sahne und Stachelbeeren garnieren.

Detlef Hänsel

Kinetische Objekte – Maschinen, die Freude bereiten

In der Werkstatt von Detlef Hänsel werden Kindheitserinnerungen lebendig. Matchboxautos, Figuren aus Überraschungseiern, Barbiepuppen und Kasperlefiguren bekommen hier eine neue Aufgabe. »Sinnfrei«, wie der Künstler meint, dafür zur Freude und Belustigung aller.

Die Augen des rüstigen Rentners, gebürtiger Thüringer und seit 2001 in Bad Lauterberg im Südharz zu Hause, leuchten, wenn er seine Kunstwerke vorstellt. Der Diplomingenieur für Elektrotechnik hängte 1997 seinen Brotberuf an den Nagel und machte seine Leidenschaft – die Herstellung kinetischer Objekte – zu seinem Hauptberuf. Eine Entscheidung, die er bis heute nicht bereut hat. Denn die Entwicklung seiner farbenfrohen, verspielten, beweglichen Kunstobjekte – Maschinen, die einfach Freude bereiten – wurde zu seiner Erfüllung. Sie wirkt bis heute wie ein Jungbrunnen.

Detlef Hänsel ließ sich als Kind schon für allerlei Künste begeistern. Malen, Töpfern, Schnitzen. Berufswunsch Bühnenbildner. Doch in den 1960er-Jahren hatte der Vater noch das Sagen und ein künstlerischer Beruf kam nicht infrage. Anfang der 1990er-Jahre sorgte der Fastnachtsbrunnen in Basel, ein Werk des Schweizer Künstlers Jean Tinguely, für ein Erwachen. »Heureka, ich hab's gefunden«, war der erste Gedanke von Detlef Hänsel, der nun endlich wusste, wonach er schon lange gesucht hatte. Die verschiedenen Skulpturen aus Technikschrott, die im Wasser stehend unterschiedliche Funktionen zeigten und eigentlich keine Aufgabe erfüllten, faszinierten ihn vom ersten Moment an. Es sollte dann noch ein paar Jahre dauern, bis er seine Berufung auch zum Beruf machte.

Als Quereinsteiger und Autodidakt studierte er Bücher und kinetische Objekte seiner Künstlerkollegen. Dank seiner Ausbildung als Ingenieur hatte er das nötige mechanische Wissen und technische Verständnis, um seine kreativen Ideen in die Errichtung von Maschinen aller Art umzusetzen. »Heutzutage müssen Maschinen immer etwas leisten«, beschreibt der Künstler die Ist-Situation. »Meine Maschinen hingegen sollen Freude bereiten und

KINETISCHE OBJEKTE DETLEF HÄNSEL
Hauptstraße 236 • 37431 Bad Lauterberg • Tel. 05524/85 23 65
E-Mail: orenda@t-online.de • paradox-online.de/detlef-haensel
Termine nach Vereinbarung

Kurhaus
Übergänge
Leben und
Schloss

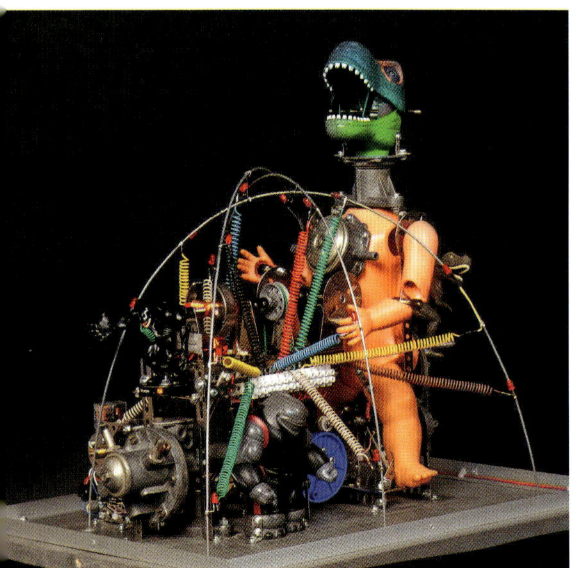

die Menschen wieder zum Heiteren, Spielerischen bringen.« Und das gelingt ihm sehr gut.

Mitte der 1990er-Jahre wurde die kinetische Kunst auch in Deutschland salonfähig. Verschiedene Firmen oder Museen ließen sich individuelle Objekte anfertigen, die als Hingucker dienten. Von seinen Auftragsarbeiten ist beispielsweise noch die »Spirit Machine« im Stammhaus der Firma Schierker Feuerstein in Schierke zu sehen. Während er in der Anfangszeit auch sehr große kinetische Objekte mit bis zu fünf Metern Höhe errichtete, konzentriert er sich heute auf kleine Maschinen, die er liebevoll als »Crazy Toys« bezeichnet. Die technische Basis bilden unter anderem Metallbaukästen von Märklin, Meccano, eitech. In Kombination mit Spielzeugen, die seine Enkel nicht mehr nutzen, entstehen witzige Objekte. Gern gibt der Künstler sein Wissen an Kinder weiter, lässt sie ausprobieren und zeigt ihnen, was sich mit Fantasie alles erreichen lässt.

In seiner Werkstatt und dem kleinen angeschlossenen Schauraum wird die Kreativität Detlef Hänsels sichtbar. Maschinen in unterschiedlichen Größen und Ausführungen werden hier vorgeführt und die Geschichten zur Entstehung erzählt. Seine Erlebnisse auf den Straßen in den USA, wo mehrstöckige Autobahnen und verrückte Typen zur Normalität gehören, hat er in einer lebendigen Maschine ausgedrückt. Bewegung, Licht und Musik sind synchron abgestimmt und sorgen für eine faszinierende Stimmigkeit. Beim Betrachten ist in jedem Winkel und in jedem Moment etwas Neues zu entdecken. In weiteren Kunstwerken

Katze Lieschen ist als treue Muse dabei, wenn Detlef Hänsel seine Maschinen baut. Die Katastrophe von Fukushima, nachempfunden in einer Kunst-Maschine. Das große Objekt mit wechselnden Farben ist des Künstlers Weltmaschine.

verarbeitet Hänsel auch das Zeitgeschehen, wie den Mauerfall 1989 oder das Unglück von Fukushima 2011.

Neben den kreativen Ideen und dem technischen Wissen erfordert die kinetische Kunst vor allem Geduld. Manch eine Maschine wird bis zu zehnmal auseinandergebaut und wieder zusammengesetzt, ehe alle Details harmonisch aufeinander abgestimmt sind. Detlef Hänsel baut meistens an mehreren Maschinen parallel. So bleiben Freude und Spaß am Entwickeln erhalten, auch wenn es ab und an mal hakt.

Selbst mit Mitte 70 möchte Detlef Hänsel mit seinen Objekten weiterhin Freude bereiten und nimmt auch vereinzelt Auftragsarbeiten an. Eins seiner Werke wurde sogar bis Neuseeland verschifft. Bei all der Leichtigkeit und Freude kommen ab und an auch nachdenkliche Töne zum Vorschein. »Wir sind mittlerweile Sklaven der Maschinerie geworden, obwohl sie uns eigentlich das Leben erleichtern sollte«, betont der Künstler. »Umso wichtiger ist es, dass meine Maschinen mit ihrem Eigenleben einfach nur fröhlich und lustig sind, ohne dass jemand Effizienz erwartet.« Besonders am Herzen liegen ihm die Kinder. Er möchte sie animieren, das Handy beiseitezulegen und zu erfahren, dass sie selbst etwas erschaffen können. Denn Kreativität, räumliches Vorstellungsvermögen und motorische Fähigkeiten müssen gerade in der heutigen Zeit gefördert werden. Seine Ausstellung ist daher ideal für die ganze Familie.

Detlef Hänsels Tipp

Die Waldgaststätte Bismarckturm ist unser Ausflugsziel, wenn die Enkel kommen. Ein Stück Gewittertorte und ein Besuch im Kleintierzoo sind ein Muss. Technikfans sollten die Königshütte besuchen, eine Eisenhütte mit Gießereibetrieb von 1733 und heutiges Industriedenkmal.

GlücksCafé und GlücksPilz Patchwork

Wohlfühlmomente für Leib und Seele

Glücklich sein und glücklich machen – vielleicht das geheime Motto von Jana Schneider und Nicole Leimeister, die als Mutter-Tochter-Team Familie und Beruf auf besondere Weise verbinden. Mit frischen Waffeln, leckerem Frühstück, bunten Stoffen und kreativen Patchwork-Arbeiten begeistern sie in Osterode am Harz.

2016 hat Jana Schneider ihre Lehre zur Konditorin abgeschlossen. Statt Meisterschule war für sie klar: Wenn, dann sollte ein eigenes Café her. Da die Jobangebote im Umfeld überschaubar waren, wurde kurzerhand das Patchwork-Atelier ihrer Mutter um ein Café erweitert. »Der Platz war da, die Kombination passte, also haben wir Nägel mit Köpfen gemacht«, berichtet die engagierte Jungunternehmerin. Als gute Seelen betreiben Mutter und Tochter seitdem gemeinsam das Lädchen von Mario Leimeister. Als Inhaber, Ehemann, Vater und Opa trägt er sein Bestes zum Gelingen des Familienbetriebs bei.

Das Café im Osteröder Ortsteil Lasfelde wirkt von außen deutlich kleiner, als es ist, und es ist daher leicht zu übersehen. Beim Betreten der hellen, einladenden Räume entsteht allerdings schon das erste Glücksgefühl. Wenn im Kamin ein Feuer brennt und der Duft von frischem Kaffee in die Nase steigt, fühlt man sich sofort willkommen. Die Regale sind gut gefüllt mit allerlei Dekoartikeln, Geschenkideen, Stoffen, Nähwerk, einer großen Teeauswahl, Gewürzen und vielem mehr. Zum dauerhaften Sortiment gehören das Greengate-Porzellan und die Räder Lichthäuser, die in verschiedenen Ausführungen mit Kerzen beleuchtet zum wohligen Ambiente beitragen. Ansonsten variiert die Auswahl je nach Saison. Zudem wählen Mutter und Tochter mit viel Liebe passende Artikel auf Messen und

GLÜCKSCAFÉ UND GLÜCKSPILZ PATCHWORK

Lasfelder Straße 87 • 37520 Osterode am Harz/Lasfelde • Tel. 05522/5054661
E-Mail: glueckspilz-leimeister@t-online.de • glueckspilz-leimeister.de
Öffnungszeiten: Di und Fr 9–12 Uhr und 15–18 Uhr, Do 15–18 Uhr, Sa 9–12 Uhr,
Frühstück nur mit Reservierung mind. 1 Tag vorher

Ausstellungen aus, die Gemütlichkeit und Behaglichkeit ausstrahlen. »Hygge«, das dänische Wort für Lebensfreude, Geborgenheit und Zeit für Familie und Freunde, begegnet den Besuchern beim Stöbern immer wieder. Im GlücksCafé und GlücksPilz ist diese Lebenseinstellung spürbar. »Wir sorgen rundum für Glücksmomente«, beschreibt Jana Schneider ihre Motivation. »Unsere Gäste sollen ein Lächeln und ein gutes Gefühl mit nach Hause nehmen.«

Für ein gutes Gefühl sorgen auch die leckeren frisch gebackenen Waffeln – ein Alleinstellungsmerkmal des Cafés. Während Kuchen und Torten anfangs weniger nachgefragt waren, entwickelten sich die Waffeln zum Renner. Sicher auch, weil die junge Konditorin das Rezept als Schatz für sich bewahrt. Kuchen und Torten werden vereinzelt angeboten oder sind auf Bestellung jederzeit zu bekommen. Die Mascarponecreme-Torte mit Schokolade und Erdbeeren, deren Rezept Jana Schneider preisgibt, war übrigens Teil ihrer erfolgreich absolvierten Gesellenprüfung. Mehrmals in der Woche ist das Café auch vormittags geöffnet und lädt zum gemütlichen Frühstück ein (Reservierung einen Tag vorher erforderlich). Gerade die Nähe zur Schnellstraße und die guten Rezensionen im Internet locken einige Reisende zum Besuch. Einmal im Monat sonntags gibt es auch ein Frühstücksbüfett.

Neben dem Café steht Patchwork im Mittelpunkt. Während Jana Schneider selbst nicht näht, ist ihre Mutter seit vielen Jahren begeisterte Patchworkerin. Bereits 2011 eröffnete Nicole Leimeister ihre erste Nähwerkstatt in

Eigens gefertigte Patchworkarbeiten und liebevoll ausgewählte Dekoartikel sind im GlücksCafé erhältlich. Das Café ist hell, freundlich und einladend gestaltet. Hier gibt es eine große Auswahl an Stoffen und auch an Teesorten.

einer kleinen Gartenhütte am eigenen Haus. Das Flair der Anfangszeit ist in der heutigen Nähstube erhalten geblieben. Eine große Auswahl an Stoffen (rund 800 Ballen) und vielseitiges Nähzubehör lassen das Herz von Handarbeiterinnen höherschlagen. Mittendrin der Nähtisch, an dem ebenso hübsche wie praktische Taschen, Kissen, Patchworkdecken und vieles mehr entstehen. Es werden auch Auftragsarbeiten ausgeführt. Dank ihrer jahrelangen Erfahrung berät Nicole Leimeister ihre Kunden sorgfältig. Passend zum bevorstehenden Nähvorhaben und Verwendungszweck werden gemeinsam die geeigneten Stoffe und Utensilien ausgewählt. Wer sich von all der Leidenschaft anstecken lässt, der bucht am besten einen Nähkurs. Sowohl Anfänger als auch Hobby-Näher mit Erfahrung erhalten hier hilfreiche Anleitungen, wertvolle Tipps, kreative Inspiration und verbringen eine gesellige gemeinsame Zeit.

Die Kombination aus Café, Patchwork-Atelier, Geschenke- und Nähzubehörlädchen hat sich zu einem Erfolgsrezept entwickelt. Die freundliche, zugewandte Atmosphäre genießen Groß und Klein ebenso wie eventuell vierbeinige Begleiter. Als junge Mutter bekommt Jana Schneider mit Unterstützung ihrer Familie die Selbstständigkeit wunderbar organisiert. Ihr kleiner Sohn ist regelmäßig dabei und erfreut zusätzlich die Gäste. Ein Familienbetrieb, der seinen Namen wahrlich verdient. Dass die Gastgeberin sich mit ihrem Café einen Traum erfüllt hat, ist nicht zu übersehen. »Ich bin gern mein eigener Chef«, betont die Jungunternehmerin. »Nur in der Selbstständigkeit kann ich so flexibel arbeiten und Job und Familie wirklich sinnvoll miteinander verbinden.«

Jana Schneiders Tipp

Da Essengehen meine Leidenschaft ist, empfehle ich einen Besuch im Gasthaus »Weißes Ross« in Hattorf. Ein Gasthaus mit mehr als 225 Jahren Familientradition und richtig guter deutscher Küche. Am besten zum Schlemmen eignen sich die regelmäßig angebotenen Büfetts.

Mascarponecreme-Torte mit Schokolade und Erdbeeren

Jana Schneiders köstliches Gesellenstück

Zutaten für eine Backform mit 22 cm Ø

Für den Schoko-Biskuit

6 Eier
200 g Zucker
180 g Weizenmehl
30 g Backkakao
40 g Speisestärke
1 Pck. Backpulver

Für die Creme

350 g kalte Schlagsahne
4 TL Sahnesteif
200 g Mascarpone
100 g Naturjoghurt
40 g Puderzucker
1 TL Vanillezucker

Für die Füllung

Frische Erdbeeren

Für die Zartbitterganache

100 g dunkle Kuvertüre
200 g Sahne

Zubereitung

Den Backofen auf 160 °C (Ober /Unterhitze) vorheizen und eine runde Backform mit Backpapier auskleiden.

Für den Schoko-Biskuit zimmerwarme Eier, Zucker und 1 EL Wasser weiß-schaumig aufschlagen. Mehl, Backkakao, Speisestärke und Backpulver vermischen und vorsichtig mit einem Spatel unterheben. Den Teig in den Tortenring geben und ca. 40 Minuten im Ofen backen.

Für die Creme die Sahne mit Sahnesteif aufschlagen. Alle anderen Zutaten hinzugeben und vorsichtig weiterschlagen, bis eine standfeste Masse entsteht.

Den abgekühlten Tortenboden einmal in der Mitte durchschneiden, sodass zwei Tortenbodenscheiben entstehen. Dann den ersten Tortenboden in den Tortenring legen. Nun die Erdbeeren halbieren und mit der Schnittfläche an den Tortenringrand stellen. Als Nächstes ca. ein Drittel von der Creme auf den Tortenboden geben und glatt streichen. Nach Belieben können darauf klein gewürfelte Erdbeerstückchen verteilt werden. Nun den zweiten Tortenboden drauflegen und die restliche Creme darauf gleichmäßig verstreichen. Die eingesetzte Torte muss nun über Nacht im Kühlschrank stehen.

Für die Ganache die Kuvertüre fein hacken. Sahne im Topf erwärmen und die Kuvertüre darin unter Rühren auflösen. Sobald die Ganache Zimmertemperatur hat, auf die Torte geben und glatt streichen. Mindestens 1 Stunde kalt stellen.

Mit Erdbeeren garnieren und fertig!

In den Bergen

Glasdesign Fricke

Deutsches Handwerk und japanische Glaskunst

Auf dem Kunsthandwerkerhof in Clausthal-Zellerfeld lässt sich das traditionelle Glasmacherhandwerk hautnah erleben. Ebenso wie die Lebensfreude und die Leidenschaft für Glas und Design, die Geschäftsführerin Andrea Fricke und Glasmacherin Emi Yamamoto seit Jahren vereinen.

Wenn Andrea Fricke von ihren Besuchern hört: »Ihre Hütte ist irgendwie anders«, dann weiß sie, sie hat alles richtig gemacht. Nachdem die 1980 gegründete Glashütte im Oberharz vor einigen Jahren in finanzielle Schwierigkeiten geriet, hat sich Andrea Fricke mit ihrem Mann 2018 für die Übernahme aus der Insolvenz entschieden. Die gelernte Schauwerbegestalterin/Kauffrau im Einzelhandel hatte zu diesem Zeitpunkt bereits drei Jahre in der Hütte gearbeitet und längst ihr Herz an den kleinen, traditionellen und kreativen Handwerksbetrieb verloren. »Ich hätte nicht gewusst, was ich sonst machen sollte«, betont sie. So nahm sie die Herausforderung an, ließ und lässt sich auch von allerlei Unwegsamkeiten nicht entmutigen.

Ihre rechte Hand und Seele der Glashütte ist die Japanerin Emi Yamamoto. Seit mehr als 14 Jahren ist sie die Glasmacherin in Clausthal-Zellerfeld. Das Handwerk erlernte sie in Japan und verfeinerte es in Deutschland, ehe sie 2010 in den Oberharz kam. Ihre Freude am Spiel mit den Farben ist nicht zu übersehen. Der Charakter einer jeden Glashütte steht und fällt mit der Kunst des jeweiligen Glasmachers. Rund 90 Prozent der erhältlichen Glaskunst, von gläsernen Tierchen, Dekokugeln, Vasen, Schalen, Lampen bis hin zur typischen Harz-Hexe, werden von Emi Yamamoto gefertigt. Beim Design bringt sich auch Andrea Fricke mit ein, und im gemeinsamen Brainstorming entstehen immer wieder neue Ideen für ein wechselndes Sortiment. Zudem ist jedes Stück ein Unikat. Kein Glas gleicht dem anderen.

Besucher haben jederzeit die Möglichkeit, der Glasmacherin bei ihrer Arbeit zuzuschauen. Es ist faszinierend, mit welch kleinen, schnellen und gezielten Bewegungen sie aus einem glühend heißen Glasklumpen beispielsweise eine kleine Katze formt. Dabei arbeitet

GLASDESIGN FRICKE

Bornhardtstraße 11 • 38678 Clausthal-Zellerfeld • Tel. 05323/83638
E-Mail: hp@glasdesign-fricke.de • glasdesign-fricke.de
Öffnungszeiten: Di–Sa 10–17 Uhr, So und Feiertag 11–17 Uhr

Emi Yamamoto nur freihand ohne jegliche Formen. Während einer Führung erhält man interessante Informationen rund um die Glasmacherkunst. Beispielsweise benötigt der Glasofen eine Temperatur von 1200 °C. Die Glaskunstwerke kommen nach Fertigstellung in den Kühlofen mit »nur« 500 °C und kühlen in diesem über Nacht bis auf 60 °C herunter. Entsprechend können vom Kunden selbst gefertigte Objekte erst am nächsten Tag abgeholt werden oder sie werden verschickt.

Denn wie anstrengend beispielsweise das Glasblasen ist, können kleine und große Gäste der Glashütte beim Glaskugelblasen selbst erfahren. Die Glasmacherin leitet an und erklärt die Vorgehensweise. Individuell werden die Farben für die Kugel ausgewählt, ehe sie im Glasofen verschmelzen. Mit der richtigen Blastechnik sieht es fast kinderleicht aus, wie sich das heiße, zähe Glas wie ein Ballon verformen lässt. Wie das Endprodukt aussehen wird, bleibt eine Überraschung, denn die echten Farben sind erst im erkalteten Zustand am nächsten Tag zu sehen.

Bei den Glasmacherworkshops werden Besucher in das Traditionshandwerk eingewiesen. In einem halbstündigen Kurs wird ein persönliches Trinkglas hergestellt. Wem das nicht reicht, der kann in einem dreistündigen Seminar sein Glaskunstunikat unter fachlicher Anleitung bauen. Dabei werden die Teilnehmer bei jedem Fertigungsschritt – vom Entwurf über die Glasentnahme aus dem Ofen bis hin zum Glasblasen – eingebunden und gefordert. Die Workshops sind für zwei bis vier Personen buchbar,

Lustige gläserne Gesellen – alles handgefertigte Unikate – bereichern das Sortiment.
Beim Glaskugelblasen kann aus mehreren Farben gewählt werden.
Die eindrucksvolle Vielfalt der Glasbläserei ist in der kleinen Glashütte zu entdecken.

sodass eine individuelle Betreuung gewährleistet ist. Das Mindestalter beträgt 12 Jahre.

Die Glashütte in Clausthal-Zellerfeld zeichnet sich durch eine offene und herzliche Atmosphäre aus. Kinder und Hunde sind herzlich willkommen, auch wenn beim Anblick der fragilen Unikate in dem historischen Gebäude manche Mutter nervös wird. »Hier ist noch nie etwas passiert«, berichtet Andrea Fricke. Aktive Kinder werden von ihr mit gläsernen Murmeln abgelenkt. Neben dem Glaskugelblasen gibt es für Kinder auch die Möglichkeit, Glas zu bemalen.

Die Glashütte ist Teil des Kunsthandwerkerhofes auf dem Gelände der ehemaligen Zellerfelder Münze. Die ältesten Gebäude wurden nach 1672 erbaut und das Kernstück der Münzstätte, in dem sich die Glashütte befindet, war bis 1788 in Betrieb. Nebenan befindet sich die »Glasspielerei«, wo Brigitte und Maiken Scherzer aus handgefertigten Glasperlen einzigartige Schmuckstücke kreieren. Auf der anderen Seite des Hofes werden bei »Fehlfarben« Strickgarne, Filzwolle und allerlei kuschelige Accessoires angeboten. Für das leibliche Wohl sorgt die Biermünze vor Ort, wo eigens gebrautes Bier ausgeschenkt wird. Mit verschiedenen Veranstaltungen wird der Kunsthandwerkerhof übers Jahr belebt. Besonders beliebt ist der Oberharzer Bergbauernmarkt, der von Juni bis September jeden Donnerstag von 17 bis 21 Uhr die Bornhardtstraße in eine Begegnungsmeile verwandelt. Einheimische und Gäste treffen sich zum Schlemmen, Bummeln und Shoppen.

Andrea Frickes Tipp

Mein Rückzugsort ist der Kuttelbacher Teich bei Hahnenklee. Sich auf der Terrasse von den lieben Gastwirten mit einem Kaffee und einem Stück Kuchen verwöhnen zu lassen, ist Entspannung pur. An heißen Tagen lockt ein kühles Bad.

Irene Schukies

Töpfern als schöpferischer Prozess

Der Tanz, die Liebe zur Bewegung und der künstlerische Selbstausdruck in Kombination mit dem Jahrtausende alten Töpferhandwerk ist es, was Irene Schukies seit mehr als 25 Jahren bewegt. Die Künstlerin aus dem Rheinland hat in Altenau ihre Wahlheimat gefunden. In ihrem Atelier lässt sie Besucher an ihrem schöpferischen Tun teilhaben.

Etwas versteckt in der ehemaligen Oberharzer Bergstadt Altenau, direkt am Waldrand, hat sich Irene Schukies gemeinsam mit ihrem Mann eine kreative Oase geschaffen. Abseits des Großstadttrubels ist das Ehepaar seit 2016 in der Wahlheimat zu Hause und durfte sich erst einmal auf sich selbst zurückbesinnen. »Künstlerisches Schaffen ist eine Reise zu sich selbst«, erklärt Irene Schukies. »Heute ist die Natur vor der Haustür meine Inspirations- und Kraftquelle.« Ein wesentlicher Grund für die Entscheidung, in den Harz zu ziehen.

Das eher zurückhaltende, stille Kind wollten Irenes Mutter und ihre Lehrerin durch Tanz zu mehr Lebendigkeit motivieren. Mit Erfolg – und so wurde der Grundstein für die künstlerische Karriere der Töpferin gelegt. Als Funkenmariechen wurde sie Ende der 1970er-Jahre Deutsche Meisterin im Gardetanz. Ballett, Jazz, Modern Dance – alles wurde ausprobiert. Schnell wurde Irene Schukies klar, dass das Theater ihr zu wenig Freiheiten bot, um sich künstlerisch auszuleben. »Im Kern ähneln sich die verschiedenen Künste, nur die Ausdrucksformen sind unterschiedlich«, erklärt die Expertin. So erlernte sie das Töpferhandwerk an der Keramikfachschule in Hörgrenzhausen und eröffnete bereits 1998 ihr erstes Atelier.

Neben der Gestaltung mit Ton begleitet sie weiterhin jegliche Form der Bewegung und des körperlichen Ausdrucks wie Feldenkrais, Kung Fu, Tai Chi, Qi Gong, Pilates und die verschiedenen Tanzformen. All ihr Wissen und ihre Leidenschaft kombinierte Irene Schukies mit Unterstützung einer Schauspielerin und eines Musikers zu einer Ausstellungsbühnenperformance als Gesamtkunstwerk. Im Zusammenspiel aus Kunst, Musik, Tanz, Töpferei, Malerei und eigenen Gedichten konnte sie

ATELIER IRENE SCHUKIES
Am Mühlenberg 11 • 38707 Altenau • Tel. 05328/9899799
E-Mail: info@schukies.de • harz-kreativwerkstatt.de
Öffnungszeiten Harz Keramik: siehe harz-keramik.de

ihrem Leben und ihrem Schaffen 2007 einen besonderen Ausdruck verleihen. Ein Video dazu ist auf ihrer Internetseite zu finden. Ihre neue Heimat im Harz markiert auch einen Wendepunkt ihres Seins, weg vom Dauertrubel, hin zu mehr Besinnung und Achtsamkeit.

In ihrem Haus in Altenau befinden sich im Erdgeschoss Werkstatt, Atelier und der Shop von Harz Keramik. Sowohl die Harz-Kreativwerkstatt als auch Harz-Keramik sind mit der Regionalmarke »Typisch Harz« ausgezeichnet. Harztypische Motive wie Luchs, Hexe, Fuchs, Hirsch oder Wildschwein zieren die verschiedenen Alltagsgegenstände: Tassen, Becher, Vasen, Teller, Schüsseln, Teekannen und mehr. Zahlreiche Serien in verschiedenen Farben und modernen Formen, alle handgefertigt und somit jedes Stück ein Unikat, bieten eine große Auswahl. Die Alltagstauglichkeit ist gewährleistet, denn alle Produkte sind geeignet für die Spülmaschine. »Wir wollen, dass unser Geschirr auch genutzt wird«, betont Christian Zineker, Inhaber von Harz Keramik und Ehemann der Künstlerin. Irene Schukies zeichnet für das Design verantwortlich und entwirft immer wieder neue Designs und Sondereditionen. Die Fertigung übernehmen eine Mitarbeiterin und ein Lehrling.

Besucher können beim Stöbern und Shoppen auch den Töpfern bei ihrer Arbeit über die Schulter schauen. Wem ein neugieriger Blick nicht ausreicht, der kann einen der Kreativkurse bei Irene Schukies buchen. Die leidenschaftliche Künstlerin bietet in ihrem Atelier unterschiedliche Möglichkeiten an, um das

In kleinen und großen Kunstobjekten drückt die Künstlerin ihre Kreativität aus. Für Harz-Keramik entwirft Irene Schukies das Design mit regionalen Motiven. Die vielseitigen Arbeiten werden im Shop ausgestellt.

Töpferhandwerk kennenzulernen. Das Gestalten mit Ton ist für sie eine besondere Sinneserfahrung, weil das Material mit den Händen direkt gespürt wird. Im Gestaltungsprozess steht der Mensch im Mittelpunkt, kann entspannen und seiner Kreativität freien Lauf lassen. All diese sinnlichen Erlebnisse möchte die Töpferin mit ihren Kursen vermitteln.

In kurzen zweieinhalbstündigen Workshops werden erste Schritte für das Töpfern oder auch das Bemalen von Lieblingsstücken angeboten. In kleinen Gruppen von sechs bis zehn Personen wird gemeinschaftlich gewerkelt und gestaltet. Diese Kurse sind auch für Kinder ab sechs Jahren geeignet und können gern als Familienzeit genutzt werden. Wer intensiver einsteigen möchte in die künstlerische Gestaltung mit Ton, der kann mehrteilige Wochenendseminare buchen. Zwei Wochenenden dienen der Vermittlung der Technik und an einem dritten wird dann das persönliche Kunstwerk gefertigt. Auch das Modellieren mit Ton, das Gestalten von Tieren sowie weitere Vertiefungskurse zu verschiedenen Themen sind geplant. Kombinieren lassen sich die Kurse wunderbar mit einem Kurzurlaub im Harz. Das Erleben der Natur beim Waldbaden, Pflanzenzeichnen oder einfach zur Inspiration gehört bei den Seminaren dazu. Mittelfristig möchte die Töpferin eine offene Werkstatt etablieren, wo Künstler sich treffen können und sich in ihrer Entwicklung begleiten lassen können.

Irene Schukies' Tipp

Eine Wanderung zur Wolfswarte ist für mich nach wie vor ein Abenteuer und ein tolles Bergerlebnis. Knapp fünfeinhalb Kilometer und mehr als 400 Höhenmeter sind von uns aus bis zur Wolfswarte zu überwinden. Doch der faszinierende Weitblick von den schroffen Klippen über den Harz ist es wert.

Allerlei Filzerei

Wenn Wollfieber glücklich macht

Schon von Kindsbeinen an ist Brigitte Rieger aus Sankt Andreasberg mit Stricken und Häkeln dem »Wollfieber« erlegen. Mit dem Nassfilzen hat sie ihre Leidenschaft entdeckt, die sie in Form von possierlichen Tierchen, traditionellen Mooskappen und lehrreichen Workshops gerne mit anderen teilt.

Mit einem wunderschönen Ausblick aus ihrer Stube auf die Harzer Höhen und die farbenfrohen Bergwiesen kann Brigitte Rieger stundenlang Wolle spinnen. Neben dem Filzen eine ihrer Leidenschaften. Was ihr heute so leicht von der Hand geht, war vor mehr als 15 Jahren für sie absolutes Neuland. Auf einem Mittelaltermarkt hatte sie erstmals eine Handspindel entdeckt und erste Einblicke ins Filzen gewonnen – die Neugier war geweckt. Und wie die rege und kreative Oberharzerin nun mal ist, hat sie nicht lange drüber nachgedacht, sondern einfach gemacht. Über ebay ein Spinnrad bestellt, den Erbauer um eine Anleitung gebeten, per Internet hilfreichen Austausch gesucht – und so entstand die erste eigene Wolle. Auch das Filzen hat sie sich selbst beigebracht, ohne je einen Kurs zu besuchen. Wiederum bei einem Mittelaltermarkt bekam sie den Impuls zum Nassfilzen. Mit lauwarmem Wasser und Seife lässt sich die Wolle noch besser verfilzen und zu stabileren, haltbareren Objekten verarbeiten. Anfangs stattete Brigitte Rieger mit ihren Filzereien Familien und Freunde aus, ehe sie selbst mit einem eigenen Stand an Mittelaltermärkten teilnahm. Vor Ort wurden kleine Fingerpuppen gefertigt. Nach und nach wuchs das Interesse und die kreative Handarbeiterin bietet heute einen wahrlich bunten Strauß an Filzarbeiten und Kursen an.

Die kleine Werkstatt in ihrem Wohnhaus in Sankt Andreasberg ist bis auf den letzten Winkel gut gefüllt mit unterschiedlicher Wolle, fantasievollen Fingerpuppen, Taschen, Hüten und allerlei gefilzten Accessoires. Die Verbundenheit zum Harz zeigen unter anderem Fingerpuppen heimischer Tierarten wie das Harzer Rote Höhenvieh oder die Fledermaus. Der Blick fällt auf die Mooskappen, die traditionelle Kopfbedeckung der Bergleute. Nach einem

ALLERLEI FILZEREI BRIGITTE RIEGER
Katharina-Neufang-Straße 42 b • 37444 Sankt Andreasberg • Tel. 0176/41 69 68 76
E-Mail: info@allerlei-filzerei.de • allerlei-filzerei.de
Termine nach Vereinbarung

Original aus der Grube Samson in Sankt Andreasberg fertigte Brigitte Rieger vor vielen Jahren ihr erstes Exemplar. Mittlerweile macht sie bundesweit bergbauaffine Männer glücklich, die für Umzüge, Hochzeiten oder andere Anlässe ihre persönliche Mooskappe anfertigen lassen. In Miniatur dient diese auch als Eierwärmer.

»Es gibt für mich keinen besseren Lohn als die strahlenden Augen meiner Kunden«, berichtet Brigitte Rieger begeistert. Während die Augen der Kunden lachen, schleicht sich bei ihr durchaus mal eine Träne ein, wenn sie sich von einer Figur trennen muss. Denn in jeder ihrer Kreationen steckt auch ein Stück Seele. Bei Auftragsarbeiten steht sie oft vor besonderen Herausforderungen, denn sie kann schlecht Nein sagen. So erschuf sie für einen Sammler ein Mammut aus Filz. Als Vorlage diente der Film *Ice Age*. Ihre Schwester und ihr Mann mussten dafür Sorge tragen, dass die Proportionen stimmten. »Bis etwa drei Viertel der Arbeit fertig sind, denke ich immer, das wird nichts«, gesteht Brigitte Rieger. »Anfangs wirkt alles krumm, schief und verrutscht, doch dann wird es plötzlich schön.« Mit ihrer Filz-Leidenschaft hat sie auch ihre Tochter angesteckt, die immer wieder neue Farbideen einbringt.

Filzen ist für sie Entspannung. Als Veranstaltungsleiterin für den Dachdeckerverband und als Vorsitzende des Bergstadtvereins schafft sie zwar Erinnerungen, doch beim Filzen bleibt etwas zum Anfassen. Daher widmet Brigitte Rieger ihre begrenzte freie Zeit über-

Bei einem Filzkurs wird das Handwerk anschaulich erklärt und erste Objekte werden gefertigt. Die lustigen Bücherwürmer dienen als praktische Lesezeichen. Bunt, vielseitig und kreativ sind die Filzereien von Brigitte Rieger.

wiegend ihrer Leidenschaft, dem »Wollfieber«. Ganz gleich, ob Auftragsarbeiten, Kurse für Kindergärten oder Schulklassen, individuelle Workshops oder einfach Spinnen und Filzen aus Freude – ohne Wolle zwischen den Fingern ist sie nicht glücklich.

Wer nun das Filzen ausprobieren möchte, kann bei Brigitte Rieger einen Kurs buchen. Kleinere Gruppen mit vier bis sechs Personen lädt sie zu sich in ihre Küche oder auf die Terrasse ein. In geselliger Runde erklärt sie die Besonderheiten und die Technik des Filzens. Vorkenntnisse sind nicht notwendig. Schon Kinder ab vier oder fünf Jahren können einfache Sachen filzen und sich ausprobieren. Dem einen fällt es leicht, ein anderer braucht etwas mehr Zeit, doch zustande bringt jeder etwas. Selbst einem blinden Teilnehmer konnte die Künstlerin das besondere Erlebnis des Filzens ermöglichen.

In einem einstündigen Kurs kann schon ein Teelicht, ein Armband oder eine Blume gefertigt werden. Für größere Teile werden mehrere Stunden benötigt. Fortgeschrittene können mit Brigitte Rieger gemeinsam in einem Mehrtageskurs gefüllte Puppen oder Tiere kreieren. Die Kurse werden auf Anfrage angeboten und können auch als Aktion zum Kindergeburtstag, Freundinnen-Nachmittag oder als Geburtstagsgeschenk genutzt werden. Wenn es die Zeit erlaubt, fährt sie dazu auch zu ihren Kunden nach Hause (max. 100 Kilometer Entfernung). Darüber hinaus bietet Brigitte Rieger in Sankt Andreasberg in den Ferienzeiten oder zu Veranstaltungen öffentliche Filzkurse an.

Brigitte Riegers Tipp

Im Nationalparkhaus Sankt Andreasberg wird die Faszination der Harzer Natur und unserer Wildtiere liebevoll vermittelt. Und besonders freut es mich, dass das Rehberger Grabenhaus als Traditionsgaststätte mit Wildfütterung neue Pächter gefunden hat.

Harzausleidenschaft

Fotokunst und Künstler-Café

Der Name ist Programm: Dirk Bartschat ist 2019 aus Leidenschaft von Hamburg in den Harz gezogen. In Braunlage hat er seinen Traum eines Fotoateliers mit Künstlertreff verwirklicht. Eine Mischung, die seine Gäste gleichermaßen verblüfft und begeistert.

Wer den Laden Harzausleidenschaft an Braunlages Hauptstraße betritt, muss sich erst einmal orientieren. Interessenten für das Fotostudio werden sich über die kleinen Tische, die Theke und den gut gefüllten Kühlschrank mit regionalen Getränken wundern. Café-Besucher werden irritiert sein von den Scheinwerfern sowie der professionellen Fotostudiotechnik. Vielleicht treten sie auch gerade ein, während der Fotograf Dirk Bartschat Mountainbiker mit ihren Bikes oder Liebespaare ablichtet. Alles ist möglich bei Harzausleidenschaft, denn genau diese lebendige Mischung ist gewollt.

»Neben der Fotografie und dem Harz ist die Begegnung mit Menschen meine Leidenschaft«, betont der engagierte Unternehmer. »Wenn die Menschen unseren Laden glücklicher verlassen, als sie ihn betreten, haben wir alles richtig gemacht.« Mit »wir« meint er dabei sich selbst und Daniela Engelhardt, Dekofee, Bäckerin, Storemanagerin oder Mitarbeiterin des Monats. Dass sich ihr gemeinsames Projekt schneller als erwartet entwickelt hat und sie nunmehr als Vollzeitkraft eingebunden ist, hätte man vermuten können. Denn Dirk Bartschat braucht immer wieder neue Aufgaben, mehr Bewegung in seinem Leben, sonst wird es ihm zu langweilig.

Den Harz hat er in seiner Kindheit erlebt, als er häufig bei seiner Oma in Bad Harzburg Urlaub machte. Einige Jahrzehnte später mit Stationen an der Ostsee und in Hamburg hat er sich 2019 für einen Neuanfang in seiner Wahlheimat entschieden. Anfangs aus persönlichem Interesse, später als Geschäftsmodell hat er die Social-Media-Community Harzausleidenschaft auf Facebook und Instagram gegründet. Mehr als 13000 Harz-Fans folgen mit Begeisterung seinen Beiträgen über den Harz und lassen sich von seinen Bildern inspirieren.

HARZAUSLEIDENSCHAFT DIRK BARTSCHAT
Herzog-Wilhelm-Straße 38a • 38700 Braunlage • Tel. 0151/22339000
harzausleidenschaft.de
Öffnungszeiten: Di–Do und So 13–18 Uhr, Fr, Sa 13–19 Uhr

Dirk Ba
kukki
Cocktai
Gin Tonic 8,-
Gin Tonic alkoholfrei 6,50
Ramazotti Fresco Tonic 8,50
Cafe Crema 3,-
Cappuccino 3,50
Espresso 2,50
Espresso Macchiato 2,50
Kakao 3,50
Kakao Chociatto 3,50
Latte Macchiato 3,50
Milch Choc 3,50
Milch Kaffee 3,50
Tee 2,50
Kukki Coctails 6,-
Altenauer Freiheit 3,50
Altenauer Malz 3,50
Beeren Limo 3,50
Selters 0,3 2,50
Lumumba 4,-
Kakao mit Schuss 4,-
Weißwein 5,50

Auch die Leidenschaft für das Fotografieren begann bereits in der Kindheit. Während seiner Tätigkeit bei einer Kreditversicherung in Hamburg hatte sich Dirk Bartschat nebenberuflich einen Namen als Fotograf gemacht. Im Harz sollte die Fotografie sein berufliches Standbein werden. Doch schnell zeigte sich, dass der Wettbewerb unter den Freiberuflern groß ist, Fotostudios jedoch mittlerweile selten zu finden sind. Gemeinsam mit den Freunden Daniela und Thomas Engelhardt wurde ein Plan geschmiedet, der letztendlich im heutigen Laden Harzausleidenschaft umgesetzt wurde.

Außergewöhnlich ist nicht nur die Mischung aus Atelier und Café, sondern vor allem die Spontaneität und Lebensfreude, mit der hier agiert wird. In geselliger Runde werden Fotoshootings durchgeführt. Dabei wird auch schon mal das Lieblingszweirad von Motorradfans in Szene gesetzt. Oder Freundinnen, die eigentlich nur quatschen wollten, entscheiden sich spontan für ein lustiges Shooting. Für Dirk Bartschat ist das kein Problem. Er zückt, wann immer gewünscht, seine Kamera, blendet die anderen Besucher aus und stellt das jeweilige Model in den Mittelpunkt. Die Fotos werden kurzfristig bearbeitet, können im Anschluss von den Kunden online ausgewählt und bestellt werden. Ein Konzept, das in das digitale Zeitalter passt. Ebenso wie die außergewöhnlichen Aufnahmen der Iris. Mit einer speziellen Makroaufnahme, fast wie beim Augenarzt, wird das Zentrum des Auges aufgenommen. Die Iris ist bei jedem Menschen einzigartig. So lassen sich die Bilder in sehr persönliche Erin-

Im Shop stehen allerlei hochwertige Harz-Souvenirs zur Auswahl.
Das Café ist gleichzeitig Fotostudio – und umgekehrt.
Harzausleidenschaft ist ein beliebter Treffpunkt vor Ort geworden.

nerungsstücke verwandeln. Ein Service, der jederzeit im laufenden Betrieb möglich ist.
Das bunte Treiben im Fotostudio erlebt man am besten bei einem leckeren Kaffee mit einem selbst gebackenen Stück Kuchen. Letzteres gibt es bei jeder Kaffeespezialität als kleine Gaumenfreude dazu. Zu den Kaltgetränken werden Knabbereien gereicht. Die beiden Junggastronomen leben ihre Gastgeberleidenschaft vollständig aus, natürlich mit Harz-Bezug. Es gibt nur regionale Getränke, wie beispielsweise von der Altenauer Brauerei. Die Auswahl treffen die beiden selbst: Was sie überzeugt, wird auch im Laden angeboten. An kühlen Tagen werden Gäste auf der kleinen Terrasse mit Wärmflaschen und Decken beglückt. Auch vierbeinige Begleiter sind herzlich willkommen. Und wenn es sehr gesellig ist, dann kann es auch schon mal später werden.

Seinem Wunsch, einen Künstlertreff in Braunlage zu etablieren, ist Dirk Bartschat gerecht geworden. Schauspieler, Maler, Schriftsteller, Musiker und Kabarettisten aus nah und fern ebenso wie die Braunlager nehmen den kommunikativen Raum von Harzausleidenschaft gern an. Dafür sorgen auch Veranstaltungen, Lesungen und Interviews, die an die Late-Night-Talkshow »Inas Nacht« erinnern. Zu Halloween, Silvester, der Walpurgisnacht oder anderen besonderen Anlässen dürfen sich die Besucher auf eine beeindruckende Deko und eine stimmungsvolle Party freuen. Für kleine Gruppen bis 15 Personen können auch Feiern ausgerichtet werden, gern in Kombination mit einem exklusiven Fotoshooting. Ein Besuch bei Harzausleidenschaft wird in jedem Fall zu einem Erlebnis.

Dirk Bartschats Tipp

Mein Ausflugstipp ist der Maltermeister Turm am Rammelsberg oberhalb von Goslar, wo auch die Drachenflieger einkehren. Von der Terrasse hat man einen erstaunlichen Blick, bei guter Sicht sogar bis Braunschweig. Tolle Location auch zum Sonnenuntergang.

Antjes Blumencafé

Blumen- und Kuchenliebe

In ihrem Blumencafé, im kleinen Harzer Urlaubsort Hohegeiß, lebt Antje Splieth ihre Leidenschaft für Blumen, Deko und Kuchenvariationen aus. Die sonnige Terrasse und die gemütliche, verwinkelte Stube sollen für ihre Gäste zu einem Ort der Entschleunigung werden.

Die gebürtige Dortmunderin ist gelernte Floristin. Bereits in ihrer früheren Wirkungsstätte gab es ein gemütliches Sofa, auf dem die Kunden bei einem Cappuccino auf ihre Blumensträuße warten konnten. Schon damals wurde die Floristik mit weiteren Annehmlichkeiten ergänzt. Die Liebe führte Antje Splieth in den Harz, in den Braunlager Stadtteil Hohegeiß. Inmitten der Berge betreibt sie seit 2008 ihr Blumencafé. »Die Idee für ein Café kam uns, als wir mit der Familie bei einem Wein zusammengesessen haben«, erzählt die Floristin. Die Familie ihres Mannes ist in der Gastronomie zu Hause. Eine Schwägerin ist Köchin, ein Schwager Konditor und die Schwiegermutter hat bereits in vielen Hotels gearbeitet. Die Gastgeberin selbst backt und kocht leidenschaftlich gern. »Für einen Blumenladen allein reicht das Potenzial in unserem Ort nicht aus.«

So wurden kurzerhand zwei Fliegen mit einer Klappe geschlagen: Das Café mit Frühstücksangebot und stets frisch gebackenem Kuchen ist Anlaufpunkt für Einheimische und Urlauber. Und wer einen schönen Blumenstrauß haben möchte, kann diesen bei ihr bestellen. »Bei Schnittblumen und bestimmten Vorstellungen ist eine Vorlaufzeit von vier Tagen schon notwendig«, erklärt die Floristin. Brautsträuße, Gestecke oder auch Trauerfloristik werden gerne nachgefragt. »Die meisten Kunden kommen zu mir und sagen: ›Mach mal was Schönes.‹«

Was Schönes ist auch überall im Café zu entdecken. Mit Blumen und Dekoartikeln gestaltet Antje ihr Café immer wieder neu. Die selbst gemachten Kränze, Girlanden und die einzelnen Artikel sind alle käuflich zu erwerben. Ab und an gibt es auch Holzartikel, die ihr Mann als Schreiner und Tischlermeister gefertigt hat. Wer regelmäßig kommt, darf Antje Splieths Freude am Gestalten miterleben. Nicht nur die

ANTJES BLUMENCAFÉ
Hindenburgstraße 1 • 38700 Braunlage OT Hohegeiß • Tel. 05583/922668
braunlage.de/gastro/antjes-blumencafe
Öffnungszeiten: Mi–So 9–12 Uhr und 14–17.30 Uhr

Das
Leben
ist zu kurz um
schlechten
WEIN
zu trinken

Antje Splieths Tipp

Unsere evangelische Kirche »Zur Himmelspforte« ist absolut sehenswert. 1704 wurde sie fertiggestellt und 1893 wurde der Turm ergänzt. Der helle Innenraum mit viel Holz und seiner schlichten Schönheit hat mich bereits beim ersten Besuch begeistert. Ein wunderschöner Ort zum Heiraten.

Deko wandelt sich je nach Jahreszeit, Lust und Laune. Auch die Inneneinrichtung und die Aufteilung der Räume variiert immer mal wieder. »Nur das Tortenbüfett bleibt immer an seinem Platz«, sagt sie lachend.

Sie berichtet nicht ohne Stolz vom roten Sofa, auf dem früher die Hochzeitspaare auf einem Traktor durch den Ort gefahren wurden. Das Sofa wird zu besonderen Anlässen im Café aufgestellt. Zu fast allen Einrichtungsgegenständen gibt es eine Geschichte. Die gemütliche Sofaecke stammt von ihrer Schwiegermutter. Der Kuchen wird auf Sammeltellern serviert. Die Damentoilette, wohl das meistfotografierte WC in der Gegend, ziert ein altrosafarbenes Tanzkleid, selbst genäht von der Mutter einer Freundin aus Benneckenstein. Die Toiletten selbst sind mit Damenkleid und Frack gekennzeichnet. In der hinteren Stube sorgt an kalten Tagen ein Kamin für wohlige Wärme und Gemütlichkeit.

Das Café in der unteren Etage des ehemaligen, ehrwürdigen Forsthauses in der Ortsmitte wurde seit 2008 immer wieder erweitert. Unter dem Motto »Sitzen wie bei Oma, futtern wie bei Muttern« stehen für Antje Splieth Gemütlichkeit, Ruhe und Entschleunigung ganz oben an. Da sie das Café überwiegend allein betreibt, kann es ab und an auch mal etwas länger dauern. »Sich die Zeit zu nehmen, einfach mal dazusitzen und zu genießen, gehört für mich zum Leben dazu«, betont sie. Genau dieses Lebensgefühl möchte sie ihren Gästen im Café vermitteln. Die gemütliche Einrichtung dient ebenso dazu wie das herzliche Lachen der Gastgeberin. Hier fühlt man sich jederzeit willkommen.

Antje Splieths Tag beginnt bereits morgens um 5 Uhr, denn sie backt täglich frisch. Vom Schwager wurden ihr die schönsten Tortenrezepte gezeigt, doch sie waren ihr zu perfekt. Stattdessen backt sie nach den Rezepten der Oma und Uroma und probiert gerne etwas Neues aus. Das Backen hat sie sich für das Café angeeignet. Allerdings hält sie es mit dem Kuchenangebot wie mit der Einrichtung: Abwechslung muss sein. »Ich entscheide morgens ganz nach Lust und Laune, was ich backe«, offenbart die fröhliche Wirtin. So gibt es auch mal Windbeutel oder Waffeln. Wer bei rechtzeitiger Anmeldung seinen Kuchenwunsch äußert, wird diesen auch erfüllt bekommen. Ob Mandelkuchen von der Oma, der Schmand-Mandarinen-Kuchen mit Kokosdecke von der Schwiegermutter, klassische Torten, wie Schwarzwälder Kirsch und Himbeer-Mascarpone oder der zeitlose Bestseller Frankfurter Kranz – Kuchenliebhaber kommen hier voll auf ihre Kosten.

Um in das Cafégeschäft auch das Privatleben zu integrieren, wurden die Öffnungszeiten angepasst. Frühstück wird von 9 bis 11 Uhr angeboten, ehe von 12 bis 14 Uhr eine Pause eingelegt wird. So wird gewährleistet, dass auch in Ruhe gefrühstückt werden kann. Als Unterstützung konnte die Inhaberin eine liebe Fee gewinnen, die ihr in Stoßzeiten fleißig zur Hand geht. Zudem kommt ihre Mutter aus Dortmund so oft es geht dazu, um zu helfen. Im Übrigen wird in ihrem Café grundsätzlich geduzt, was einmal mehr das Gefühl vermittelt, bei Freunden angekommen zu sein.

Wie in Großmutters guter Stube lassen sich bei Antje Splieth Kaffee und Kuchen genießen. Im Sommer lädt die sonnige Terrasse zum Verweilen ein. Deko und Blumen sind neben selbst gebackenem Kuchen Antjes Leidenschaft.

Hohegeißer Zucchini-Nuss-Schnitten

Kreative Symbiose aus Gemüse und Kuchen

Zutaten

3 Eier
300 g Zucker
150 ml Olivenöl
250 g gemahlene gemischte Nüsse
100 g gehackte gemischte Nüsse
300 g Mehl
1 TL Zimt
1 ½ TL Natron
1 ½ TL Backpulver
300 g Zucchini

Zubereitung

Für den Teig alle Zutaten bis auf die Zucchini in einer Schüssel zu einem Teig verrühren.

Die Zucchini putzen, waschen, trockentupfen, raspeln und unter den Teig heben. Die Masse auf einem gefetteten Backblech verteilen.

Im auf 180 °C vorgeheizten Backofen den Kuchen 30–35 Minuten backen. Erkalten lassen und nach Wunsch mit Schoko-Kuvertüre glasieren oder mit Puderzucker bestreuen.

Sonjas Café mit Geschenkestübchen

Kuchenliebe und Weihnachtszauber

In der malerischen historischen Stadt Stolberg, in einem verwinkelten Fachwerkhaus, lädt Sonja Brocke zur Kaffeezeit ein. Außergewöhnlich: Es weihnachtet hier das ganze Jahr über in einem speziell eingerichteten Weihnachtszimmer.

»Kuchen ist meine Leidenschaft«, gesteht Sonja Brocke lachend. Und das ist nicht zu übersehen. In der Kuchentheke warten zehn, zwölf verschiedene Sorten Obstkuchen, Blechkuchen oder Torten auf diejenigen, die die Leidenschaft der Gastgeberin teilen. Seit 2007 gibt es Sonjas Café mit Geschenkestübchen in der oberen Altstadt von Stolberg. Mittlerweile wird es von der zweiten Generation, Sonjas Tochter Ellen Böttner, betrieben. Denn der Apfel fällt nicht weit vom Stamm: Die Tochter hat bereits in der Schulzeit in einer Konditorei ausgeholfen und gekellnert. Als gute Seele und einzige Mitarbeiterin kümmert sich Sonja Brocke weiterhin um das Wohl ihrer Gäste. Sie backt, kocht, dekoriert und wählt gemeinsam mit ihrer Tochter Artikel für das Geschenkestübchen aus, bevorzugt von lokalen Anbietern. Hausgemachte Marmeladen und Gewürzmischungen von der Kleinen Hexerei in Limlingerode, Wurstwaren von der Fleischerei Müller aus Schwenda und Brötchen vom Bäcker Bokrant aus Tilleda sind nur einige Beispiele. Hinzu kommen Seifen, Kochbücher, Liköre, allerlei Dekoartikel, die das Mutter-Tochter-Team ganz bewusst auf Messen einkauft, sowie Weihnachtsartikel. Besonders angetan haben es ihnen die Rezeptbücher von Gudrun Dietze, die von einem kleinen Verlag wieder neu aufgelegt wurden.

Ursprünglich gelernt hat Sonja Brocke Friseurin. »In dem Beruf habe ich aber nie gearbeitet«, erzählt die quirlige Gastgeberin. Direkt nach der Ausbildung hat sie im FDGB-Ferienheim in Friedrichsbrunn als Kellnerin begonnen, ist dadurch 1982 ins schöne Stolberg

SONJAS CAFÉ MIT GESCHENKESTÜBCHEN
Rittergasse 38 • 06547 Stolberg (Harz) • Tel. 034654/393 • facebook.com/sonjas.cafe
Öffnungszeiten: Sa und So 7–9 Uhr und 13–17 Uhr,
Mo 7–9 Uhr und 13–16 Uhr, Di 14–16 Uhr, Sonderöffnungszeiten bei Veranstaltungen

Sonja Brockes Tipp

Wenn ich meine Enkel in Wernigerode besuche, ist ein Ausflug ins Christianental Pflicht. Im Wildpark sind die sonst so scheuen heimischen Tiere wie Wildkatze, Waschbär, Hirsch, Reh oder Luchs zu erleben. Im urigen Waldgasthaus lässt es sich schön einkehren.

gekommen. »Gebacken und gekocht habe ich schon immer gerne«, berichtet Sonja Brocke. »Und ich liebe es seit jeher, meine Familie zu verwöhnen.« Vor der Eröffnung ihres eigenen Geschäfts hatte sie mehrere Jahre in dieser Branche gearbeitet und sogar die Neueröffnung eines Cafés begleitet. Da sie auch leidenschaftlich gerne bastelt, wollte sie sich ursprünglich mit einem Bastelstübchen selbstständig machen. Die untere Etage ihres Eigenheims, das sie direkt nach der Wende erworben hatte, wurde kurzerhand zum Verkaufsraum umgenutzt. Um das Geschäft anzukurbeln, organisierte sie einen Tag der offenen Tür – natürlich mit Kaffee und selbst gebackenem Kuchen. Letzterer wurde stärker nachgefragt als die Basteleien und Geschenkideen. »Da habe ich mein Angebot den Wünschen meiner Kunden angepasst«, erklärt die Gastgeberin. Ihre Leidenschaft fürs Kuchenbacken wurde mal eben zum Beruf. »Ich weiß gar nicht, wie viel Hunderte Kuchen ich schon gebacken habe.«

Doch in der malerischen historischen Fachwerkstadt im Südharz gab es schon einige Cafés. Es brauchte also eine ungewöhnliche Idee, um sich von den anderen Anbietern abzuheben. So entstand das Weihnachtszimmer, in dem ganzjährig Knecht Ruprecht, Rudolf das Rentier, der Weihnachtsmann und seine Engel zu Hause sind. Über dem Tisch dient ein großer Adventskranz als Lampenschirm und Weihnachtsmützen verschönern die Stühle. »Unsere Gäste freuen sich immer wieder, wenn sie im Weihnachtszimmer sitzen können«, freut sich die Gastgeberin. Im Winter wird dann auch der Kamin eingeheizt und es werden weihnachtliche Kuchen und Glühwein gereicht. In den Sommermonaten hingegen kann man in einem kleinen, sonnigen Außenbereich das Flair der Stadt genießen. Der hintere Gastraum war früher der Innenhof und der Partyraum der Familie. »Hier haben wir schon immer gesellige Stunden verbracht«, erinnert sich Sonja Brocke.

Bei der Kuchenauswahl setzt Sonja Brocke sowohl auf altbewährte als auch auf neue Kreationen. Den Mohn-Preiselbeer-Buttercreme-Kuchen vom Blech hat sie schon zu DDR-Zeiten gebacken. Die Hexentorte mit Heidelbeeren, Eierlikör und Sahne sowie die Windbeuteltorte gehören von Beginn an zu den Bestsellern im Café. Als wäre Kuchenbacken in dieser Dimension noch nicht genug, so fährt die leidenschaftliche Köchin sonntags auch noch Essen aus. Es kann aus zwei Speisen gewählt werden, die dann ebenfalls im Café angeboten werden. Zu bestimmten Terminen gibt es selbst gemachte Steinofenpizza. Der Clou: Der Steinofen ist im Berg eingelassen. Vor offenem Holzfeuer werden die Pizzen besonders lecker und knusprig. Wer mag, kann in Sonjas Café auch lecker frühstücken.

Das kleine Café liegt etwas versteckt gut 250 Meter entfernt vom belebten Marktplatz mit dem imposanten und doch eigenwilligen Rathaus, das ganz ohne Innentreppen auskommt. Bei einem Bummel durch die wunderschöne Altstadt ist Sonjas Café eine willkommene Möglichkeit, sich etwas Ruhe und guten Kuchen zu gönnen. Sonja Brocke und Ellen Böttner wollen auch in Zukunft ihren Gästen eine schöne Zeit bereiten.

Harztypisch oder weihnachtlich, doch immer urgemütlich sind die Räume in Sonjas Café. Allerlei Leckereien aus der Region und frische Brötchen gibt es im kleinen Laden ebenfalls zu kaufen. Im Sommer gibt es auch eine kleine Caféterrasse.

Windbeuteltorte

Die Tortenvariante des bekannten Desserts – ein Favorit der Gäste

Zutaten für eine Springform mit 28 cm Ø

Für den Teig

3 große Eier
120 g Zucker
1 Prise Salz
1 Pck. Vanillezucker
100 g Mehl
50 g Speisestärke
1 gehäuften TL Backpulver

Für die Füllung

2 Pck. Rote Grütze glatt
1 Becher Rote Grütze
etwas Marmelade
2 Pck. TK-Windbeutel mit Vanillegeschmack

Für die Garnitur

2 Becher Schlagsahne à 200 g
3 Pck. Sahnesteif
2 Becher Schmand à 200 g
Zucker nach Geschmack

Zubereitung

Den Backofen auf 180 °C Ober-/Unterhitze vorheizen.

Für den Teig die Eier trennen. Das Eigelb mit den 3 EL heißem Wasser schaumig rühren. Zucker und Vanillezucker dazugeben und weiter hell aufschlagen. Das dauert eine Weile. Die Masse muss sich deutlich vergrößern und hellgelb-cremig sein. Das Eiweiß mit 1 Prise Salz sehr steif schlagen und auf die Eigelb-Schaummasse geben. Mehl, Speisestärke und Backpulver mischen, darauf sieben und alles vorsichtig mit dem Schneebesen unterheben.

Die Mischung in die Springform geben und sofort bei 180 °C auf der mittleren Schiene ca. 25 Minuten hell backen.

Abkühlen lassen und einmal quer durchschneiden.

Für die Füllung 500 ml Wasser zum Kochen bringen und das Grütze-Pulver unterrühren. Den Becher Rote Grütze unterheben. Auf den unteren Boden Marmelade streichen, danach den zweiten Boden darauflegen. Die Hälfte der Rote-Grütze-Masse auf den Boden geben und verteilen, die gefrorenen Windbeutel daraufsetzen und mit der restlichen Rote-Grütze-Masse bestreichen.

Zum Garnieren die Sahne steif schlagen, dabei das Sahnesteif nach Packungsanleitung einrieseln lassen. Den Schmand vorsichtig mit dem Schneebesen unter die Sahne heben und zum Schluss den Zucker vorsichtig unterrühren. Die Sahne-Schmand-Masse auf die ausgekühlte Rote-Grütze-Masse verteilen.

Mit Schokoraspeln verzieren.

24 Stunden kalt stellen und dann servieren.

Café Bonhoeffer

Gelebte Geschichte

Die Familien Zehnpfund und Bonhoeffer waren in den 1940er-Jahren in Friedrichsbrunn Nachbarn und gute Freunde. Was für ein Glücksfall, dass das Bonhoeffer-Haus seit 2009 von Familie Zehnpfund als Café sowie lebendiger Begegnungs- und Erinnerungsort betrieben wird.

Etwas versteckt im kleinen Harzer Urlaubsort Friedrichsbrunn befindet sich auf einem großen, parkähnlichen Grundstück das Bonhoeffer-Haus. Das hübsche Backsteinhaus von 1897 wurde 1913 von der Familie Bonhoeffer erworben und als Ferienhaus genutzt. Die Kinder Karl Friedrich, Walter, Klaus, Ursula, Christine, Dietrich, Sabine und Susanne verbrachten hier mit ihren Eltern und Großmutter Julie unbeschwerte Ferientage. Nachdem das Haus über Jahrzehnte hinweg wenig beachtet wurde und zusehends verfiel, hat Gabriela – Rufname Gabi – Zehnpfund mit ihrer Familie Mut gefasst und das Haus wieder zu einem Anlaufpunkt für Begegnungen gemacht. Eine Entscheidung auch zu Ehren Dieter Zehnpfunds, Gabis Vater und langjähriger Ortschronist, der die Geschichte der Familie Bonhoeffer in einem Buch festhielt. Ein Schritt, der anfangs von vielen belächelt und mit einem »Lasst das sein« quittiert wurde.

»Das sagt heute keiner mehr«, berichtet die Gastgeberin lachend. »Und Spaß macht es auch noch – was brauche ich mehr zu meinem Glück?« Seit 2009 betreibt sie mit Ehemann Thomas und Sohn Max das Bonhoeffer-Haus, das seit 2011 auch in ihrem Besitz ist. Der schöne Garten mit großer Sonnenterrasse ist im Sommer ein herrlicher Treffpunkt für Groß und Klein. Das Café im lichtdurchfluteten Wintergarten strahlt gediegene Gemütlichkeit aus. Hier lassen sich entspannt Kaffee und Kuchen genießen. Letzterer kommt schon von Beginn des Kaffeegeschäfts an von einer kleinen Privatbäckerei, der Oberharzer Backstube in Trautenstein. Ein Renner ist die Brockentorte, in diesem Fall eine leckere Schokoladentorte, die senkrecht geschichtet ist. »Der Kuchen kommt sehr gut an«, bestätigt Thomas Zehnpfund und fügt lachend hinzu: »Einziger Nachteil: Er kann auch mal ausverkauft sein.«

CAFÉ BONHOEFFER

Waldstraße 7 • 06507 Thale OT Friedrichsbrunn • Tel. 0160/7719401
E-Mail: gabriela-1962@hotmail.de • cafe-bonhoeffer.de
Öffnungszeiten: Fr–Di 14–18 Uhr

G. & T. Zehnpfunds Tipp

Bei einem Besuch in Friedrichsbrunn sollte die Bonhoeffer-Kirche besichtigt werden. Sie wurde 1880 eingeweiht und ist ein hübscher Kirchenbau mit neogotischen Elementen. Wanderern empfehlen wir eine Tour zum Hexentanzplatz, der von hier aus nur sechs Kilometer entfernt ist.

Zur herzhaften Stärkung gibt es eine hausgemachte Suppe. Für Familienfeiern oder Gruppen steht die rustikal eingerichtete Kolonisten-Schänke zur Verfügung. Der Name erinnert an 50 Familien, die unter Friedrich dem Großen hier ansiedelten und den Grundstein für Friedrichsbrunn legten. Sommer- und Herbstfest, Halloween und ein Wintermarkt am 30. Dezember beleben das Café. In der Winterzeit können hier auch Ski ausgeliehen werden. Zwei Ferienwohnungen für bis zu acht Personen werden ebenfalls im Haus vermietet. Darunter auch die Kammer, in der Dietrich Bonhoeffer übernachtete.

Viele Gäste kommen ganz gezielt wegen Dietrich Bonhoeffer und seiner Geschichte. »Einige wohnen beispielsweise in der Bonhoeffer-Straße und recherchieren dann im Internet, wer er war«, erzählt die Gastgeberin. »Es waren auch schon Gäste da, die hier früher gelebt oder ihre Ferien verbracht haben.« Auch Mitglieder der Bonhoeffer-Familie waren schon zu Gast. Einer der prominentesten Besucher war der Schauspieler Justus von Dohnányi. Sein Opa, der Widerstandskämpfer Hans von Dohnányi, war öfter in Friedrichsbrunn. Er wurde im April 1945 zusammen mit Dietrich Bonhoeffer, Klaus Bonhoeffer und Rüdiger Schleicher hingerichtet.

Die Geschichte der Familie Bonhoeffer und ihre Zeit in Friedrichsbrunn sind Mittelpunkt einer kleinen, bewegenden Ausstellung im Bonhoeffer-Haus. Sie zeigt vor allem die schönen Seiten eines Familienlebens, das als beispielhaft gilt. Insbesondere die Wertvorstellungen und Ansichten der durch den Sohn und Widerstandskämpfer Dietrich Bonhoeffer weltweit bekannten Familie werden in der Ausstellung thematisiert. Konzipiert und gestaltet wurde sie in Zusammenarbeit mit der Hochschule Harz. Briefe, Fotos und zahlreiche Kindheitserinnerungen der Bonhoeffers lassen das Friedrichsbrunn vor 100 Jahren vor dem inneren Auge lebendig werden. Verantwortlich für die Ausstellung ist der Träger- und Förderverein Bonhoeffer-Haus Friedrichsbrunn e. V. Ein Mitglied des Vereins bietet jeden Montag kostenlose Führungen durch die Ausstellung an.

In die Fußstapfen seines Großvaters tritt Max, der Sohn der Zehnpfunds. Seine Promotion zum Mittelalterhistoriker steht bevor. In Göttingen studiert er Mittelalterhistorik und englische Literatur. Doch seine Freizeit widmet er dem Bonhoeffer-Haus und führt zu bestimmten Terminen oder nach Voranmeldung durch die Ausstellung. Er gestaltet auch den alljährlichen Bonhoeffer-Tag mit, der Ende August mit einem Gottesdienst im Garten und namhaften Rednern in der Bonhoeffer-Kirche zu Friedrichsbrunn gefeiert wird.

Auch wenn Gabi und Thomas Zehnpfund noch lange nicht an Ruhestand denken, so ist mit Sohn Max und seiner Lebensgefährtin der Fortbestand des Familienbetriebes bereits gesichert. »Solange es uns Spaß macht und wir es gesundheitlich können, wollen wir für unsere Gäste da sein«, versichern die herzlichen Gastleute. Sie haben mit dem Bonhoeffer-Haus spürbar ihre Lebensaufgabe gefunden.

Der helle Wintergarten des Cafés bietet zu jeder Jahreszeit ein einladendes Ambiente. Zum Angebot gehören Kuchen und Torten der Oberharzer Bäckerei und kleine Speisen. Über das Leben der Familie Bonhoeffer informiert eine Ausstellung.

Käse-Lauch-Suppe

Deftig und stärkend

Zutaten für ca. 8 Personen

6 Stangen Lauch
etwas Öl
2 kg Hackfleisch
Salz und Pfeffer
1 l Schlagsahne
5 Becher Schmelzkäse
Kurkuma
frischer Schnittlauch zum Garnieren

Zubereitung

Zunächst den Lauch putzen, waschen und in kleine Ringe bzw. Stückchen schneiden. Dann das Öl in einem großen Topf erhitzen und das Hackfleisch darin anbraten. Mit Salz und Pfeffer würzen. Den Lauch hinzugeben und einige Minuten mit anbraten. Die Sahne hinzugießen und etwa 10 Minuten auf kleiner Flamme köcheln lassen. Den Schmelzkäse unterrühren, bis er geschmolzen ist. Die Suppe mit Kurkuma, Salz und Pfeffer abschmecken. Mit frisch gehacktem Schnittlauch garniert servieren.

Kürbissuppe

Vegetarische Alternative

Zutaten für ca. 8 Personen

2 große Hokkaido-Kürbisse
frischer Ingwer
6 Möhren
4 Kartoffeln
2 Zwiebeln
etwas Butter
1,5 l Schlagsahne
3 Dosen Kokosmilch
etwas Zitronensaft
Pfeffer
Salz
Kürbiskernöl

Zubereitung

Die Kürbisse vierteln, die Kerne entfernen und das Kürbisfleisch in Würfel schneiden. Ingwer, Möhren und Kartoffeln schälen. Den Ingwer fein hacken, die Möhren und die Kartoffeln würfeln. Die Zwiebeln schälen und fein hacken. Die Butter in einem großen Topf schmelzen. Zwiebel, Kürbis, Ingwer, Möhren und Kartoffeln darin anschwitzen. Die Sahne hinzugeben und das Gemüse ca. 15–20 Minuten weich kochen. Alles sehr fein pürieren. Die Kokosmilch hinzugeben. Mit Zitronensaft, Pfeffer und Salz abschmecken. Das Kürbiskernöl wird zur Suppe gereicht.

Café
Bonhoeffer

Stuben-Café

Gemütlich-herzliche Gastlichkeit

Das kleine Stuben-Café am Marktplatz von Harzgerode macht seinem Namen alle Ehre. Kaum größer als die gute Stube zu Großmutters Zeiten, laden ein bequemes Sofa, gemütliche Sitzecken und die fröhliche Gastgeberin Katharina Schädlich zum Verweilen ein.

Seit dem 20. Juni 2015 ist der kleine Laden in Harzgerode Anlaufpunkt für Liebhaber von leckerem selbst gebackenem Kuchen und gutem Kaffee. Schon beim Betreten der »guten Stube« steigt der Kaffeeduft in die Nase. Allerlei Nettigkeiten sind auf den Büfetts und Regalen zu entdecken. Eigens eingekochte Marmeladen, selbst hergestellter Likör, Honig aus der Nachbarschaft, eine feine Auswahl an selbst gebackenen Keksen sowie Strickwaren und Filzereien. Letztere sind Katharina Schädlichs Ausgleich zur Arbeit. »Wenn was verkauft wurde, stricke ich was Neues«, erwähnt die vielseitige Inhaberin fröhlich. »Und Abwechslung macht ein Café doch erst lebendig.« So wird auch ab und an Secondhandkleidung von Freunden zum Verkauf angeboten.

Die Wände zieren farbenfrohe Malereien der befreundeten Künstlerin Heike Wolff, die in Molmerswende einen Kunsthof betreibt. Einige der Unikate sind auch käuflich zu erwerben. Vom kleinen Schaufenster des Cafés aus ist direkt gegenüber das hübsche Rathaus der Stadt zu erblicken. Um 1900 gebaut, beeindruckt es mit seinen reich verzierten Obergeschossen in Fachwerkbauweise. Bei guter Witterung genießt man die Gastfreundschaft in der Sonne vor dem Café. Mit dem benachbarten Restaurant Marktklause besteht ein freundschaftliches Verhältnis. Da wird schon mal ein Mittagessen gegen ein Stück Kuchen getauscht.

Katharina Schädlichs Pläne waren eigentlich andere. 17 Jahre lang hatte sie in einem Hotel in Alexisbad an der Rezeption gearbeitet. Doch als Angestellte einer Kette waren ihr die Hände gebunden, um Veränderungen zu schaffen. Sie träumte davon, zusammen mit ihrem Mann eine Pension mit Weinstube zu eröffnen. Ein Schicksalsschlag, der zu frühe Tod ihres Mannes, war der Anstoß für das Café.

STUBEN-CAFÉ
Marktplatz 11 • 06493 Harzgerode • Tel. 0172/6204319
E-Mail: post@stuben-cafe.de • stuben-cafe.de
Öffnungszeiten: Mo, Do, Fr ab 11 Uhr, Sa, So ab 13 Uhr

KUEMMERLING

K. Schädlichs Tipp

Eine Wanderung auf dem »Harzgeröder Kugelspaß« von hier bis zur Grube Glasebach in Straßberg ist ein Erlebnis für Groß und Klein. Anhand von interaktiven Stationen mit Kugelbahnen wird Wissenswertes der Region vermittelt. Unterwegs lädt auch eine Bank von mir zur Rast ein.

»Es war Zeit, etwas zu machen, das mir Freude bereitet und das ich auch allein bewältigen kann«, erklärt die leidenschaftliche Gastgeberin. »Mit Unterstützung meiner Freunde habe ich in nur zwei Monaten das Café hergerichtet.«

Wie viel Aufwand das war, davon zeugt ein kleines Fotobuch. Das Konzept des Stuben-Cafés als urig-gemütlicher Rückzugsort stand von Beginn an und auch die Einrichtung hatte Katharina Schädlich früh vor ihrem inneren Auge. Ihr Faible für Holz hat sie von ihrem Vater, der Tischler war. Die Einrichtung sammelte sie bundesweit zusammen. Eine Freundin half ihr bei der Suche im Internet. Das Sofa stammt aus der Nähe von Berlin, das Büfett aus München, die Garderobe aus Syke bei Bremen und die Theke stand zuvor auf der Reeperbahn in Hamburg. Beim Nachbarn konnte sie die Garage nutzen, um die Möbel unterzustellen. Die schönen Stühle sind teilweise Geschenke von Harzgerödern. »Ich war schon überwältigt, wie groß die Hilfsbereitschaft war«, zeigt sich die Wirtin dankbar. Und das, obwohl am Anfang doch eher Zweifel im Freundeskreis herrschte, ob es gut überlegt war, den sicheren Job aufzugeben.

Wer Katharina Schädlich in ihrem Café erlebt, spürt, dass es genau die richtige Entscheidung war. Voller Leidenschaft backt und kreiert die umtriebige Harzerin für ihre Gäste. »Rezepte brauche ich nicht mehr«, gesteht sie lachend. »Kuchen backen oder Obst einkochen geht mittlerweile wie von selbst.« Ihre Familie stammte aus Schlesien und ihre Oma hat schon immer gebacken. Auch die Großmutter ihres Mannes war Köchin. Von ihr hat sie das Rezept des »Sulfs«, eines harztypischen Belags für Obstkuchen, übernommen.

Bis auf das Eis wird bei ihr alles selbst gemacht – sogar die Marmelade als Füllung für die Torten. Verarbeitet wird das eigene Obst und das von Nachbarn. Das Kuchenangebot variiert je nach Saison. Mittlerweile weiß Katharina Schädlich, was zu welcher Jahreszeit nachgefragt wird. Als wäre das alles nicht genug, backt sie nebenbei noch Kekse. In der Weihnachtszeit gibt es dann passendes Gebäck und selbst gemachte Dominosteine. Auf Wunsch werden auch Kuchen außer Haus angeboten. Dazu gibt es stets eine Tüte Kekse dazu als Dankeschön. Die Größe ihres Cafés hat die Inhaberin ganz bewusst gewählt. »Ich wollte das selbstständig handhaben können«, erklärt die Gastgeberin. »Selbst für alles verantwortlich zu sein und so den bestmöglichen Service bieten zu können, ist einfach erfüllend.«

Neben frischem Kuchen, leckeren Eisbechern und frisch gebrühtem Kaffee gehört auch eine Teeauswahl zum Angebot. Bei schwarzem Tee gibt es für die wahre Teezeit echte Sahne dazu. Und eine Sanduhr mit drei, vier und fünf Minuten für die individuelle Ziehdauer. Diese und viele weitere kleine Aufmerksamkeiten machen einen Besuch im Stuben-Café zu etwas Besonderem, zu einer Auszeit fast wie ein Besuch bei der Oma.

Katharina Schädlich hat in ihrem kleinen Café gemütliche Sitzecken geschaffen. Selbstgestricktes und Handgefertigtes laden zum Stöbern ein. Malereien einer befreundeten Künstlerin und liebevolle Deko sorgen für eine wohlige Atmosphäre.

Apfel-Sulf-Kuchen

Harztypischer Kuchen nach altem Rezept

Zutaten für eine Springform mit 26 cm Ø

Für den Boden

170 g Mehl
100 g Zucker
100 g kalte Butter
1 Ei
1 Prise Salz
1 Pck. Vanillezucker
½ Pck. Backpulver

Für den Belag

600 g säuerliche Äpfel, geschält und kleingeschnitten
3–4 EL Zucker
½ TL Limettensaft
1 Pck. Puddingpulver Vanillegeschmack

Für den Sulf

500 ml Milch
3–4 EL Zucker
1 EL Kartoffelstärke
1 EL Grieß
1 EL Mehl
2 Eier
1 Prise Salz

Zubereitung

Aus den Zutaten für den Boden einen Mürbeteig herstellen (kann alles zusammen verarbeitet werden) und in eine mit Backpapier ausgelegte Springform drücken. Der Rand der Springform sollte mit wenig Butter eingefettet sein. Beiseitestellen.

Die Äpfel im Wasser mit Zucker und Limettensaft aufkochen. Dann das in wenig Wasser angerührte Puddingpulver einrühren und kurz aufkochen, bis die Masse anfängt, dick zu werden. Nochmals kurz umrühren, nicht anbrennen lassen und vom Herd nehmen. Beiseitestellen und abkühlen lassen. Nach dem Abkühlen auf den Mürbeteigboden geben. Beiseitestellen.

Den Backofen auf 150 °C Ober-/Unterhitze vorheizen. Für den Sulf die Milch und den Zucker in einen Topf geben; dieser sollte nicht zu klein sein, da Eischnee noch untergehoben werden muss. Von der Milch eine kleine Menge abnehmen und mit Kartoffelstärke, Grieß und Mehl verrühren. Die Eier trennen. Das Eiweiß zu Eischnee schlagen und beiseitestellen. Das Eigelb in die Milch rühren. Die Milch aufkochen, die angerührte Masse aus Kartoffelstärke, Grieß, Salz und Mehl dazugeben und wie einen Pudding aufkochen, bis die Masse fest wird. Vom Herd nehmen und abkühlen lassen. Zum Schluss den Eischnee nur leicht unterheben, nicht zerrühren und alles auf die Apfelmasse geben.

Auf der mittleren Schiene etwa 45 Minuten backen. Nach ca. 25 Minuten den Kuchen eventuell mit Alufolie abdecken, damit der Belag nicht zu dunkel wird. Der Sulf sollte eine goldgelbe Farbe haben.

Stuben-Café
Getränke & mehr

Sabine und Felix Müller

Goldschmiedekunst

Im beschaulichen Harzort Schielo verbirgt sich in einem malerischen Fachwerkhaus der Kreativort von Sabine und Felix Müller. Seit mehr als 30 Jahren sind sie hier als Goldschmiedin und Metallkünstler ansässig. Ihre Leidenschaft für Kunst und ihre Kreativität sorgen für außergewöhnliche Synergien.

Die gebürtige Harzerin Sabine Müller studierte nach ihrer Ausbildung zur Goldschmiedin Schmuckdesign in Halle, wo sie auch ihren Mann Felix kennenlernte. Er absolvierte an der Hochschule für Kunst und Design Burg Giebichenstein die handwerkliche Ausbildung im Bereich des Kupferschmiedehandwerks und der Stahl-Emaillierung und studierte Metalldesign.

Während die Goldschmiedin filigrane Schmuckstücke entwirft und produziert, entwickelt der Metallkünstler praktische und einzigartige Metallobjekte. So ist es kaum verwunderlich, dass das Schmuckatelier noch Platz im Hinterhof findet, während die größere Metallwerkstatt ausgelagert wurde. Der Standort in Schielo wurde kurz nach der Wende gewählt, um einerseits Familie und Beruf besser vereinbaren zu können. »Außerdem gab es hier genügend bezahlbaren Raum«, betont Sabine Müller einen wichtigen Grund für die Rückkehr in den Harz.

Die Schmuckstücke der Goldschmiedin sind nahezu in aller Welt zu finden, denn sie hat für sich ein besonderes Geschäftsmodell gefunden. Statt als Schmuckdesignerin einen eigenen Laden zu betreiben, fertigt sie einzigartige Serien an, die über Galerien im In- und Ausland verkauft werden, sogar bis in die USA. Kunsthändler erfreuen ihre Kundinnen gerne mit dem vielseitigen Designerschmuck aus dem Harz. »Schmuck lässt sich wunderbar in die ganze Welt verschicken«, stellt die Unternehmerin zufrieden fest. »Natürlich gibt es dabei

SCHMUCKKÜNSTLERIN SABINE MÜLLER UND METALLKÜNSTLER FELIX MÜLLER
Konradsgraben 22 • 06493 Harzgerode OT Schielo • Tel. 039484/8346
E-Mail: info@sabine-mueller.com • sabine-mueller.com
E-Mail: mail@felix-mueller.com • muellsson.wixsite.com/felixmueller
Besuch im Atelier und in der Werkstatt nach vorheriger Anmeldung

S. & F. Müllers Tipp

Bei einer Wanderung von Meisdorf aus durch das malerische Selketal zur Burg Anhalt, einer mittelalterlichen Burgruine, laden wir unseren Akku wieder auf. Mit wunderschönen Blicken auf das Selketal, Spuren der Geschichte und ganz viel Ruhe in der Natur.

auch vieles zu beachten, insbesondere bezüglich des Rückgaberechts, doch dieser Weg ist für mich ideal.«

Auf Messen präsentiert Sabine Müller ihre Kollektionen. Vor allem auffällige, farbenfrohe Ringe mit extravaganten Formen sind ihre Favoriten. Darüber hinaus entstehen in ihrer Werkstatt Ohrstecker, Ohrhänger und Ketten in unterschiedlichen Formen und Farben . Obwohl sie die Kollektionen quasi in Serie anbietet, ist doch jedes einzelne Stück ein Unikat und stets etwas anders. »Die Becherlinge beispielsweise werden alle einzeln aus Wachs vorgeformt«, erklärt die Künstlerin. »Dadurch tragen sie meinen Fingerabdruck als bestes Zeichen für ein Unikat.« Die Schmuckstücke sind auch über einen eigenen Onlineshop zu erwerben.

Während die Goldschmiedin ihre einzelnen Kunden nur selten persönlich kennt, lebt die Arbeit ihres Mannes von der Mund-zu-Mund-Propaganda. In der Anfangszeit profitierte Felix Müller von der Aufbruchsstimmung nach der Wende und von vielen Aufträgen für Restaurationsarbeiten. Heute liebt er es, alltagstaugliche und doch beeindruckende Metallobjekte zu schaffen. Lampen, Kaffeemaschinen oder auch ein Tischgrill können zu wahrlichen Kunstwerken werden. Für die Kreativmühle Mücheln kombinierte Felix Müller optische und mechanische Elemente und schuf so eine Energiemaschine mit Schaurad am Wasserrad der Mühle. Mit dieser Konstruktion werden nun E-Bikes aufgeladen.

Gemeinsam sind Sabine und Felix Müller ein durchaus kreatives Künstlerpaar, tüfteln zusammen an neuen Lösungen und entwickeln gemeinschaftliche Projekte. Dazu gehört die Herstellung individueller Edelstein-Fassungen mittels eines 3D-Scanners. »Edelsteine kennen keine Standardformen«, beschreibt Felix Müller die Herausforderung für Goldschmiede. »Mittels 3D-Scanner können wir jede Bruchkante berücksichtigen und eine ganz individuelle Fassung für das Juwel bauen.« Virtuell am Rechner wird das Wunsch-Schmuckstück gestaltet. Per 3D-Druck wird eine Form für die Fassung erstellt, die im Anschluss ausgegossen wird.

Während andere Goldschmiede oft Fassungen löten oder aus Blech bauen, geben die gedruckten 3D-Fassungen auch speziellen und dadurch besonders schönen Steinen den richtigen Halt. Sabine und Felix Müller profitieren von mehr als 25 Jahren Erfahrung in der Gusstechnik und können sich auf spezielle Anforderungen einstellen. Den 3D-Druck nutzen sie für Eigenkreationen und bieten ihn auch Künstlerkolleginnen und -kollegen an.

Im Hause Müller wird die Bezeichnung »Kunsthandwerk« wörtlich genommen. Hier wird keine Masse produziert. Jedes einzelne Schmuckstück oder Metallobjekt ist Handarbeit und ein Unikat. Die Mischung aus künstlerisch-kreativer Arbeit und technisch-versierter Umsetzung lässt die Zusammenarbeit des Künstler-Ehepaares nie langweilig werden. Im Gespräch ist die Begeisterung beider für ihre Kunst und ihr Handwerk zu spüren. Sie probieren neue Ideen aus und ergänzen sich bestens. »Unsere künstlerisch-innovative Ader macht unser Leben lebendig«, bestätigen sie und freuen sich, immer wieder Neues zu präsentieren.

Unzählige Werkzeuge in verschiedenen Ausführungen sind für das Schaffen der Objekte notwendig. Die Adamo-Kaffeemaschine ist Kunst und Alltagsgegenstand zugleich. Sabine Müller liebt das Designen von auffallenden Ringen und anderen Schmuckstücken.

Noch mehr Begegnungen

AM HARZRAND

Veranstaltungen

Kunsthandwerkermärkte:

• Goslar am ersten August-Wochenende – goslar.de
• Halberstadt (Töpfermarkt) am ersten Juli-Wochenende – ton-am-dom.de
• Wernigerode am zweiten August-Wochenende – wernigerode.de
• Kloster Walkenried (Klostermarkt) am vierten September-Wochenende – kloster-walkenried.de

Künstler, Kunsthäuser, -vereinigungen

Kunsthandwerk im Großen Heiligen Kreuz
Hoher Weg 7, 38640 Goslar
kunsthandwerkgoslar.de

Mönchehaus Museum Goslar
Verein zur Förderung moderner Kunst e. V.
Mönchestraße 1, 38640 Goslar
moenchehaus.de

Stuben-Galerie
Abzuchtstraße 4, 38640 Goslar
galerie-stoetzel-tiedt.de

Kunstmühle Veckenstedt
Straße der Technik 6, 38871 Veckenstedt
kunstmuehle-veckenstedt.com

Kunsthandwerkerhof
Marktstraße 1, 38855 Wernigerode
wernigerode-tourismus.de/sehen/handwerk/kunsthandwerkerhof

Kunstverein Röderhof e. V.
Gut 50, 38838 Dingelstedt/Röderhof
kunstverein-roederhof.de

Atelier Angela Ernst
Voigtei 16, 38820 Halberstadt
angela-ernst.de

Museum Lyonel Feininger
Schlossberg 11, 06484 Quedlinburg
museum-feininger.de

Grafikstiftung Neo Rauch
Wilhelmstraße 21–23, im Riegelbau des Bestehornpark, 06449 Aschersleben
grafikstiftungneorauch.de

BODY ART Nordhausen
Körperabformung, Skulpturen und Dekoration
Landgrabenstraße 2, 99734 Nordhausen
facebook.com/BodyArtStudioCom

Kunsthaus Meyenburg
Alexander-Puschkin-Straße 31
99734 Nordhausen
nordhausen.de/kultur/museen/museen.php?ID=22198

Cafés

Schmidts Café Garten
Rotteweg 18, 38690 Goslar
OT Weddingen
schmidts-cafe.de

Teehaus in den barocken Gärten
38889 Blankenburg/Harz
Apr–Okt, blankenburger-teehaus.de

Hofcafé im Mathildengarten
Harzweg 33, 06484 Quedlinburg
Apr–Okt, mathildengarten.de

Hofcafé im Kulturhaus Eulenhof
Hauptstraße 6, 37412 Hörden am Harz
seminarhaus-eulenhof.com

Café Nikolai
Nikolaiplatz 19, 99755 Ellrich
cafe-nikolai.de

IN DEN BERGEN

Veranstaltungen

Clausthal-Zellerfeld
Oberharzer Bergbauernmarkt
Bornhardtstr.
Juni–Sept donnerstags 17–20 Uhr
oberharz.de

Sankt Andreasberg
Kunstausstellung NATUR – MENSCH
Sept/Okt
nationalpark-harz.de

Künstler, Kunsthäuser, -vereinigungen

Schnitzstube Meier
Wunder in Holz
Hüttenstraße 18, 38707 Altenau
wunderinholz.de

Atelier Laslo – Art, Film & Photography
Goslarsche Straße 18
38678 Clausthal-Zellerfeld
atelier-laslo.de

Kunsthandwerkerhof Clausthal-Zellerfeld
Bornhardtstraße 11
38678 Clausthal-Zellerfeld

Sald harzmade Schmuckdesign
Elbingeröder Straße 3, 38700 Braunlage
sald-shop.de

Sonnenberger Holzschnitzer
Oderhaus Nr. 2
37444 Braunlage OT St. Andreasberg
sonnenberger-holzschnitzer.de

Töpferei »Alte Schmiede«
Kirchberg 1b
38879 Schierke
keramikshop.shop

Glasatelier Ina Schneider
Schulstraße 46
06493 Harzgerode OT Schielo
glasatelier-schneider.de

Cafés

Waldcafé Forellenteich
Forellenteich 1, 38700 Braunlage
forellenteich-braunlage.de

Café AUSZEIT im waldhotel AUSZEIT
Lindenwarte 20
38875 Oberharz am Brocken OT Tanne
waldhotel-auszeit.de/970/hotel/cafe

Café Theodor Fontane
Forstweg 3, 06502 Thale OT Altenbrak
cafe-pension-fontane.de

Register

ORTE UND PERSONEN

1920er-Jahre-Party 66
3D-Druck 155

Acrylgießen 13
Adventsausstellung 43
Airbrush 13
Altenau 117, 157
Ausstellung 8, 21, 73, 90, 97, 142, 157

Bad Harzburg 21, 40, 124
Bad Lauterberg 100
Bad Sachsa 90
Ballenstedt 71
Bartschat, Dirk 124
Berliner Lederware 74
Bioprodukt 33
Bismarckturm 103
Bodetal 57
Bonhoeffer-Haus 141
Braunlage 124, 128, 157
Brocke, Sonja 135
Brockenhexe 57
Brüggemann, Anka 60
Buchkünstlerin 62
Burg Scharfenstein 80

Café Winuwuk 21
Clausthal-Zellerfeld 113, 157
Dekoartikel 105, 128, 135

Drechslerei 51

Egeling, Norbert 74
Eilenstedt 51
Eisherstellung 43

Fachwerk 78
Fachwerkstadt 27, 33, 136
Fastnachtsbrunnen 100
Feinschmecker 96
Fiedler, Peggy 57
Filzen 120
Filzerei 146
Filzkurs 123
Fingerpuppe 120
Fink, Renate 36
Floristik 128
Fotoatelier 124
Fotostudio 124
Frankfurter Kranz 64, 131
Fricke, Andrea 113
Friedrichsbrunn 141
Froschkönig 64
Frühstück 19, 31, 105, 131, 137

Gedeckte Kaffeetafel 46
Geigenbauer 36
Gernrode 64
Geschenkeladen 96
Geschenkestübchen 135
Glashütte 113
Glaskunst 113
Glasmacherhandwerk 113
GlowGolf 14
Glutenfrei 31, 43, 81
Goldschmiedin 152
Goslar 13, 16, 156
Großes Heiliges Kreuz 74
Günther, Andrea 13

Hänsel, Detlef 100
Harz Keramik 118
Harzer Produkt 58
Harzgerode 146, 157
Harzköhlerei 43
Henze, Kristina 40
Hexenmachen 59
Hexenmanufaktur 57
Historische Wassermühle 78
Hoetger, Bernhard 21
Hohegeiß 128
Holzgestaltung 92
Holzhandwerk 51
Holzschnitzkunst 90
Hornburg 27
Huy 51

Ilsenburg 40
Instrumentenbau 36

Jallabuy 74
Junggesellinnenabschied 40

Kaffeehausatmosphäre 64
Kapselkaffee 51
KeineKunstLaden 28
Kirchner-Babinecz, Barbara 71
Konditorin 105
Königshütte 103
Kühn, Dietmar 21
Kühn, Petra 21
Kunsthandwerkerhof 113, 156
Kunsthandwerkermarkt 76, 156
Kupferschmiedehandwerk 152
Kuttelbacher Teich 115
Kyffhäuser 74

Landschaftsportrait 71
Lederhandwerk 74

Lederwerkstatt 74
Leimeister, Nicole 105
Leißmann, Ulla 16
Leseabend 33
Limlingerode 94
Ludwig, Andrea 64

Maffay, Peter 86
Makroaufnahme 126
Malerei 8, 13, 71, 118
Malkurs 10
Maltermeister Turm 127
Messerschmiedekurs 49
Metalldesign 152
Metallkünstler 152
Modellbau 13
Modellieren mit Ton 119
Mooskappe 120

Nähkurs 107
Nähzubehör 107
Nationalparkhaus
Sankt Andreasberg 123
Niemeyer-Holstein, Otto 72
Niggemeyer, Ulrike 31
Nordhausen 85, 97, 156

Oberharzer Bergbauern-
markt 115, 157
Oeller-Gerboth, Annette 78
Osterode 105
Osterwieck 33, 36

Palmenhaus 49
Pappmaché 11
Patchwork 105

Quartier 7 60
Quedlinburg 60, 156

Regionalmarke »Typisch
Harz« 118
Restaurator 27
Rieger, Brigitte 120
Rosin, Frank 87
Roßla 74

Sankt Andreasberg 120, 157
Schädlich, Katharina 146
Schäfers Hof 38
Schau-Drechseln 52
Schielo 152, 157
Schloss Stolberg 28
Schlosspark Ballenstedt 71
Schmiedehandwerk 47
Schmiedekunst 47
Schmuckdesign 152, 157
Schneider, Jana 105
Schnitzerei 90
Schukies, Irene 117
Seesen 8
Seidenmalerei 16
Seifenmanufaktur 40
Siebdruck 77
Siebert-Sperling, Martina 57
Sonnenhof 21
Splieth, Antje 128
Stadler, Anja 27
Steinofenpizza 137
Steinway-Park 10
Stiftskirche St. Cyriakus 66
Stolberg 135, 157

Täschner 74
Teezeit 149
Teufelsmauer 58
Thale 57
Tinguely, Jean 100
Töpferhandwerk 40, 117
Töpferware 43

UNESCO-Welterbe-Stadt
Goslar 16
Upcycling 26, 51

Vegan 34, 43
Veltheim 31
Vergolden 29
Vollwertkost 32

Wedler, Marie-Theres 94
Weihnachtszimmer 135
Wernigerode 47, 156
Wilke-Schatz, Angelika 85
Winkler, Heike 8
Wintergarten 94, 141
Wolfswarte 119
Workshop 40, 62, 114, 119,
120

Zehnpfund, Gabriela 141

REZEPTE

Apfel-Sulf-Kuchen 150
Haustorte 24
Hohegeißer Zucchini-Nuss-
Schnitten 132
Käse-Lauch-Suppe 144
Kürbissuppe 144
Mascarponecreme-Torte
mit Schokolade und
Erdbeeren 108
Möhren-Kokos-Kuchen 34
Mühlentorte 82
Omas Kirsch-Streusel-
Kuchen 54
Pancakes mit Erdbeeren oder
Topping nach Wahl 88
Schwedische Apfeltorte 44
Stachelbeer-Mohn-Marzipan-
Torte 98
Tante Friedas Käsekuchen 68
Windbeuteltorte 138

Impressum

Verantwortlich: Katja Treu
Idee & Konzeption: Angelika Dietrich
Lektorat: Marion Landwehr
Layout: Elke Mader
Kartografie: Bruckmann Verlag GmbH, Heidi Schmalfuß
Repro: LUDWIG:media
Herstellung: Bettina Schippel
Printed in Poland by CGS Printing

★★★★★

Sind Sie mit diesem Titel zufrieden? Dann würden wir uns über Ihre Weiterempfehlung freuen. Erzählen Sie es im Freundeskreis, berichten Sie Ihrem Buchhändler oder bewerten Sie bei Onlinekauf. Und wenn Sie Kritik, Korrekturen oder Aktualisierungen haben, freuen wir uns über Ihre Nachricht an J. Berg Verlag, Postfach 40 02 09, D-80702 München oder per E-Mail an lektorat@verlagshaus.de.

Unser komplettes Programm finden Sie unter www.j-berg-verlag.de

In diesem Buch wird aus Gründen der besseren Lesbarkeit das generische Maskulinum verwendet. Weibliche und anderweitige Geschlechteridentitäten werden dabei ausdrücklich mitgemeint, soweit es für die Aussage erforderlich ist.

Empfehlung der Redaktion
Sie sind auf der Suche nach weiterführender Literatur? Dann empfehlen wir Ihnen den Titel *Der Harz für Wandermuffel* von Andreas Happe. Oder Sie werfen einen Blick in den Titel *Panoramawege für Senioren Harz* von Richard Goedeke. Hier werden Sie bestimmt fündig.

Bildnachweis: Alle Bilder im Innenteil und auf dem Umschlag stammen von Miriam Fuchs, mit Ausnahme von Cover, S. 75, 76 o.: Grit Egeling; kleines Bild Cover: Shutterstock/Nataliya Arzamasova; S. 3, 80, 81 u., 86 o.: Diana Wichler; S. 6/7, 110/111: Peter Pohl – MP-Design-Foto; S. 10, 11 u.: Heike Winkler; S. 14: GuennyAirbrush; S. 46, 48, 49: Atelierschmiede Harz; S. 65, 69: Annelie Gall; S. 102 u.: Foto Lindenberg, Bad Lauterberg; S. 104: GlücksCafé Osterode; S. 122 u.: Brigitte Rieger; S. 126 u.: Dirk Bartschat; S. 133: Antjes Blumencafé; S. 134, 139: Ellen Böttner; S. 151: Stuben-Café Harzgerode; S. 153: Nikolaus Brade; S. 155 o.: Felix Müller Metallkunst; S. 155 u.: Goldschmiede Müller

Umschlagvorderseite: Norbert Egeling (S. 74) liebt das Lederhandwerk. Leckere Kuchenrezepte verraten die Gastgeber.
Umschlagrückseite: Die Ländlichen Kaffeestuben (S. 94) laden zu gemütlichen Stunden ein.

Die Deutsche Nationalbibliothek verzeichnet diese Publikation in der Deutschen Nationalbibliografie; detaillierte bibliografische Daten sind im Internet über http://dnb.d-nb.de abrufbar.

Infanteriestraße 11a
80797 München

ISBN 978-3-86246-931-4